AF175341

Beziehungswissen

Bucket List
für Verliebte

zum Bewahren von Beziehungsglück

185 Denkanstöße, Fragen und Fakten,
die Paare unbedingt beherzigen sollten,
um gemeinsam glücklich zu bleiben

Ralf Hillmann

FSC
www.fsc.org

MIX

Papier aus ver-
antwortungsvollen
Quellen
Paper from
responsible sources

FSC® C105338

Hinweis zur Haftung
Die im Buch veröffentlichten Gedanken und Empfehlungen basieren auf den Erfahrungen des Autors und wurden intensiv erarbeitet und geprüft. Weder Autor noch Verlag können für in diesem Buch gemachte Angaben Gewähr übernehmen. Es bleibt in Ihrer alleinigen Verantwortung als Leserin, als Leser jede der gemachten Angaben Ihrer eigenen Prüfung zu unterziehen. Auf die geltenden gesetzlichen Bestimmungen weisen wir ausdrücklich hin!

Bibliografische Information der Deutschen Nationalbibliothek
Die Deutsche Nationalbibliothek verzeichnet diese Publikation in der Deutschen Nationalbibliografie; detaillierte bibliografische Daten sind im Internet über https://portal.dnb.de abrufbar.

© Copyright 2021: Hillmann, Ralf
Herstellung und Verlag: BoD – Books on Demand, Norderstedt
Autor: Ralf Hillmann
ralf-hillmann@t-online.de
Covergestaltung: Ralf Hillmann
Bildmotiv „Zwei Herzen": Ralf Hillmann
Bildmotiv „Hand in Hand": Tobias Schnotale
ISBN: 9783752657357

Alle Rechte, insbesondere die des Nachdrucks, der Übersetzung, des Vortrags, der Radio- und Fernsehsendung, der Verfilmung sowie jeder Art der fotomechanischen Wiedergabe, der Telefonübertragung, der Speicherung in Datenverarbeitungsanlagen und Verwendung in Computerprogrammen, auch auszugsweise, sind vorbehalten!

INHALTSVERZEICHNIS

ÜBER DEN INHALT

Die Idee zu diesem Buch

Liebe Leserinnen und Leser, dieses Buch dient verliebten Paaren dazu, sich darüber bewusst zu werden, wie wertvoll die Entscheidung für ein gemeinsames Leben ist und wie es gelingt, dieses leichtzerbrechliche Glück dauerhaft zu bewahren. Es hält für alle Verliebten, die noch am Anfang ihrer gemeinsamen Zukunft stehen, einen beziehungsrelevanten Wissensschatz bereit, der für ein gutes und liebevolles Miteinander grundlegend ist. Zu dieser Buchidee kam es, weil ich als Paarberater in meiner Beratungspraxis immer wieder von Paaren Folgendes zu hören bekomme: „Ach, Herr Hillmann, wenn wir das, was wir hier in der Beratung von Ihnen erfahren und gelernt haben, schon viel früher gewusst und beachtet hätten, wäre es gar nicht erst zu unseren Problemen gekommen!" Und tatsächlich ist es ja auch so, dass Paare, die sich mit der Zeit auseinandergelebt haben, erst mühsam etwas lernen und verstehen müssen, wovon sie zuvor scheinbar nicht allzu viel wussten. Aus diesem Grund weiß ich: Es ist ganz bestimmt tausendmal leichter, eine Beziehung von Anfang an so zu gestalten, dass jeder sich vom jeweils anderen dauerhaft geliebt fühlen kann, als dies erst viel später aus einer Beziehungskrise heraus hinbekommen zu müssen. Um genau dieser Problematik vorzubeugen, dafür ist dieses Buch gedacht. Es dient allen Menschen dazu, sich über beziehungsrelevantes Wissen bewusst zu werden und sich Beziehungskompetenzen anzueignen, die es ermöglichen, Beziehungsglück dauerhaft zu bewahren. Im Kern geht es darum, den grundlegenden menschlichen Bedürfnissen nach Wertschätzung, Anerkennung, Verständnis, Respekt, Achtung, Vertrauen, Gemeinsamkeit, emotionaler Sicherheit, Bindung, Gleichberechtigung, Lebensfreude etc. von Anfang an genügend Aufmerksamkeit zu schenken. Für das Erleben von Glück ist dies für jede Beziehung unverzichtbar!

Für wen dieses Buch gedacht ist: Wie gerade geschildert, ist der Inhalt dieses Buches für Paare bestimmt, die am Anfang ihres gemeinsamen Beziehungslebens stehen und erfahren möchten, wie es möglich wird, das gemeinsame Glück dauerhaft zu erhalten.

Der Aufbau des Buches: Für einen Ratgeber in dem es in erster Linie darum geht, Beziehungsglück zu erhalten, mag es auf den ersten Blick absurd erscheinen, dass es am Anfang der Lektüre gleich um Beziehungsprobleme geht, an denen Paare in der Regel leiden, wenn sie sich ohne entsprechendes Beziehungswissen auf eine gemeinsame Beziehung eingelassen haben. Das soll natürlich nicht heißen, dass es keinem Paar gelingen kann, auch ohne fachkundige Kenntnisse glücklich miteinander zu werden. Aus Erfahrung weiß ich jedoch, dass bei sehr vielen Paaren die Gefühle der Liebe und des Glücks deshalb nachlassen, weil beide Beteiligten einfach zu wenig darüber wissen, auf welcher Grundlage eine glückliche Beziehung überhaupt gelingen kann.

Auch wenn fast alle Paare am Anfang ihrer euphorischen Liebe den Eindruck gewinnen, richtig gut zusammenzupassen, so gibt es in Wahrheit im Denken, Fühlen und Handeln eines jeden Menschen doch auch immer Unterschiede. Das ist ganz natürlich, nicht zu ändern und völlig okay. Kein Mensch ist wie ein anderer. Fast alle Beziehungsprobleme entstehen aber genau deshalb, weil zwei Menschen diese Unterschiede nicht anerkennen und über diese immer öfter in Streit geraten. Jeder meint dann, so wie er es sieht und es sich wünscht, sei es gut, richtig und besser. Bald versuchen die Beziehungspartner immer öfter und eindringlicher den jeweils anderen nach eigenen Maßstäben umzuerziehen. Dort, wo so miteinander umgegangen wird, kann keine Liebe längerfristig gedeihen. Auch dann nicht, wenn all diese Anstrengungen doch nur gutgemeint sind und keiner der beiden eigentlich in böser Absicht handelt. Und genau deswegen lohnt es sich, in einem Buch über Beziehungsglück, die Ursachen von Beziehungsunglück genauer unter die Lupe zu nehmen. So wird deutlich, wie wichtig es ist, genügend Verständnis für die Bedürfnisse, Interessen, Stärken und Schwächen des jeweils anderen zu entwickeln. Das Buch ist deshalb ganz bewusst wie folgt gegliedert:

1. Wovon wir alle träumen: Zuerst gibt es einen kurzen Überblick über das, wovon wir alle träumen! Wie stellen wir uns eine glückliche Beziehung vor? Wie realistisch sind unsere Vorstellungen? Und was tut unserer Beziehung tatsächlich gut?

2. Vom Ursprung fast aller Beziehungsprobleme: Hier gibt es eine kurze Übersicht über die Vielzahl von Beziehungsproblemen, an denen unglückliche Paare leiden können. Im weiteren Verlauf des Buches wird deutlich werden, welche Ursachen es für diese gibt und wie man es besser machen kann!

3. Von der Basis gemeinsamen Beziehungsglücks: Hier gibt es eine kurze Übersicht darüber, wie wunderbar eine Beziehung sich anfühlt, wenn es zu den zuvor genannten Paarproblemen nicht kommt! Es wird deutlich, wie lohnend es ist, sich über einige beziehungsrelevante Dinge bewusst zu werden!

4. Beziehungswissen für dauerhaftes Paarglück: Hier finden Sie 182 Beziehungswissensaspekte vor (183 bis 185 folgen später), die zum Nachdenken, Miteinanderreden und Beantworten einladen! Sie stellen bei dieser gemeinsamen Arbeit fest, für welche Bereiche Ihres Beziehungslebens Sie bereits über genügend Wissen und Kompetenz verfügen und wo es sich lohnen könnte, künftig noch ein wenig achtsamer miteinander zu sein. Auf einer Zahlenskala von 1 bis 10 bewerten Sie Ihren gemeinsamen Umgang selbst.

5. Ergänzendes Beziehungswissen: Hier erfahren Sie noch einmal Grundlegendes über das beziehungsrelevante Wissen. Bei der Reflexion und Bearbeitung der unter 4. erwähnten Beziehungswissensaspekte werden Sie bereits des Öfteren auf diese grundlegenden Erkenntnisse aufmerksam gemacht.

6. Übungen zur Beziehungspflege: Hier lernen Sie die relevanten Beziehungswissensaspekte 183 bis 185 kennen. Es handelt sich dabei um drei Übungen bzw. Rituale, die sich bei Paaren einer großen Beliebtheit erfreuen und sich für die Pflege und den Erhalt des gemeinsamen Beziehungsglücks sehr bewährt haben.

7. Bucket List: Hier lädt das Buch Sie dazu ein, Ihre ganz persönliche Paar-Bucket-List zu erstellen. Diese setzt sich aus mehreren Listen zusammen, die Sie beide sich gemeinsam erarbeiten und dauerhaft aktualisieren. Diese sind im Einzelnen: Eine Liste über Freizeitgestaltungsmöglichkeiten, die Sie bereits

immer wieder mal gemeinsam unternehmen oder irgendwann noch unternehmen möchten; eine Liste über Interessen, Wünsche und Ziele, die jeder Einzelne von Ihnen für sich selbst hat; eine Liste über Interessen, Wünsche und Ziele, die Sie gemeinsam haben; eine Liste über Ihre wichtigsten sozialen Kontakte; eine Liste über Möglichkeiten, bei denen Sie beide ungestört Zeit miteinander verbringen können; eine Liste über Ausflugs- und Urlaubsziele, an die Sie beide bereits gereist sind oder zu denen Sie künftig noch reisen möchten; eine Liste, die Sie aufgrund Ihrer Selbstbefragung zum Thema Beziehungswissen erstellen und auf der Sie auflisten, welches Beziehungswissen Sie bereits zufriedenstellend praktizieren, welchem Sie zukünftig noch mehr Aufmerksamkeit schenken möchten und welches überhaupt wichtig für Sie ist.

So arbeiten Sie mit diesem Buch: Nachdem Sie diese Einführung beide gelesen haben, können Sie sofort mit der gemeinsamen Arbeit beginnen. Lesen Sie einfach Seite für Seite bis zum Ende weiter. Wie Sie vorzugehen haben und was es dabei für Sie zu tun gibt, erklärt sich von selbst. Nehmen Sie sich ruhig so viel Zeit wie Sie möchten. Sie müssen das Buch wirklich nicht innerhalb kürzester Zeit durchgearbeitet haben. Gehen Sie mit Interesse, Freude und spielerischer Leichtigkeit ans Werk und verbringen Sie dabei einfach eine angenehme Zeit miteinander!

Warum das Buch Beziehungswissen-Bucket-List heißt: Als ich mit Freunden und Kollegen über diese Buchidee sprach, waren wir uns alle schnell darüber einig, dass es vermutlich eine große Zahl an verliebten Menschen geben muss, für die solch ein Ratgeber empfehlenswert ist. Die Schwierigkeit, die wir dabei sahen, war jene, dass es aber vermutlich nur wenige Paare gibt, die in der Anfangsphase ihrer Beziehung auf die Idee kommen, einen Beziehungsratgeber zu brauchen. Dass es sich lohnen könnte, für das gemeinsame Glück vorzusorgen, auf diesen Gedanken kommen Verliebte nicht. Das vermuteten wir jedenfalls. Aus diesem Grund kamen wir auf die Idee, dem Buch einen Namen zu geben, den viele Menschen bereits mit Beziehung, Liebe und dauerhaftem Glück verbinden. Einen Titel, der dem Ganzen eine spielerische Leichtigkeit verleiht und nicht zu sehr nach Ratgeber klingt. So fiel uns schließlich der Begriff Bucket List ein. Fast jeder weiß, dass die

so genannte Bucket List eine Liste mit Dingen ist, die man im Leben gerne noch tun oder erreichen möchte. Dieses Prinzip liegt der vorliegenden Beziehungswissen-Bucket-List zugrunde. Hierin geht es neben sechs anderen Listen, die für Paare lohnenswert sind, auch noch um eine Liste mit Beziehungswissen, welches jedes Paar in Sachen Liebe und Beziehungsglück unbedingt beherzigen sollte, um dauerhaft glücklich miteinander zu bleiben! Es ist sozusagen ein Geschenkbuch für Verliebte, das man sich entweder selbst schenkt oder anderen verliebten Paaren, denen man damit ein langes, glückliches, lebendiges, gemeinsames Leben wünscht! Viele Wissensbausteine, die Sie in diesem Buch finden werden, stammen ursprünglich aus der Paarberatung. Sie helfen Paaren, die bereits Beziehungsprobleme haben, wieder glücklich miteinander zu werden. Warum sollten diese dann also nicht auch für Verliebte hilfreich sein? Weshalb sollte es sich nicht lohnen, von Beginn an so viel über das Gelingen von Beziehungen zu wissen, dass Beziehungsprobleme erst gar nicht entstehen? Das ist der grundlegende Gedanke der Beziehungswissen-Bucket-List.

Noch ein Hinweis: Für Paare, die schon länger zusammen sind und bereits Beziehungsprobleme haben, ist dieses Buch nicht gedacht. Für jene gibt es das Buch in einer für die Paarberatung entwickelten Fassung, die vom Inhalt her zwar zu ca. 60 Prozent mit der hier vorliegenden Version identisch ist, aber dennoch für einen ganz anderen Zweck und Gebrauch aufbereitet wurde. Der Titel lautet: „5 Minuten Paartherapie an jedem Tag". Wer bereits Probleme hat, besitzt vermutlich nicht die spielerische Leichtigkeit, mit der man an die „Beziehungswissen-Bucket-List" herangehen können sollte.

Und nun wünsche ich Ihnen viel Freude beim gemeinsamen Weiterlesen und Ausarbeiten! Bleiben Sie heiter und glücklich!

Herzlichst – Ihr Ralf Hillmann

Genderhinweis
Allein aus Gründen der besseren Lesbarkeit wird in diesem Buch überwiegend die männliche Sprachform verwendet. Sämtliche Angaben beziehen sich jedoch immer auf Angehörige aller Geschlechter (männlich, weiblich, divers).

WOVON WIR ALLE TRÄUMEN

Vom Wunsch, als der Mensch geliebt zu werden, der wir sind
Wir alle träumen von einer Partnerin oder einem Partner, die bzw. der uns liebt und glücklich macht. Wir sehnen uns nach einem Menschen, der sein Leben mit uns teilen möchte und sich wünscht, für immer mit uns zusammen zu sein. Wir stellen uns vor, dass wir für einen anderen so interessant, so einzigartig, so besonders, so attraktiv und so begehrenswert sind, dass dieser sich genau aus diesen Gründen für uns entscheidet. Kurzgesagt: Wir alle träumen davon, jemandem zu begegnen, der uns deshalb liebt und mit uns zusammen sein möchte, weil wir genau so sind, wie wir sind und sein möchten. Ja, wir alle wünschen uns jemanden, der uns als die Person akzeptiert, respektiert, wertschätzt, erkennt und anerkennt, die wir sind. Denn nur wenn wir solch einen Menschen an unserer Seite haben, können wir uns rundum geliebt fühlen. Da wir uns alle geliebt fühlen möchten, träumen wir auch alle davon, einem Menschen zu begegnen, der gut zu uns passt. Es gibt allerdings etwas, das die Erfüllung dieses Traumes nicht gerade zur aller einfachsten Übung macht. Und das ist die Tatsache, dass jeder Mensch sich im Denken, Fühlen und Handeln unterscheidet. Das heißt, jeder Mensch hat eigene natürliche sowie erlernte Komponenten, die sein Denken, Fühlen und Handeln beeinflussen und bestimmen. Wir sind also von Natur aus und aufgrund unserer gesellschaftlichen und kulturellen Lernerfahrungen alle unterschiedlich. Aufgrund dessen haben wir alle unterschiedliche Interessen, Talente, Wertesysteme, soziale, emotionale und mentale Kompetenzen, Vorstellungen, Meinungen, Weltsichten, Stärken und Schwächen entwickelt. Kein Mensch ist ganz genauso wie ein anderer. Keiner will ganz genau dasselbe wie ein zweiter. Keiner passt demnach hundertprozentig und ganz genau zum Denken, Fühlen und Handeln eines anderen. Das ist einfach gar nicht anders denkbar und deshalb auch ganz selbstverständlich. Diese Unterschiedlichkeit führt in sehr vielen Beziehungen jedoch zu Problemen. Dabei sollte man wissen, dass Unterschiedlichkeit allein im Grunde gar kein Problem darstellt. Schließlich ist sie ganz normal und natürlich. Zum Problem werden Unterschiede erst dann, wenn Menschen nicht die psychosoziale Reife, sprich die

soziale Kompetenz besitzen, die selbstverständliche, natürliche Unterschiedlichkeit des anderen als gegeben und zu ihm gehörend anzuerkennen.

Was bedeutet das für den Wunsch, jemanden zu finden, der uns genau deshalb liebt, weil wir so sind, wie wir sind? In der Regel ist es so, dass Beziehungen daran zerbrechen, weil viele Menschen es eben nicht längerfristig hinbekommen, Unterschiede im Denken, Fühlen und Handeln zu respektieren und dem jeweils anderen das Gefühl zu geben, dass er so, wie er ist, in Ordnung ist. Mit der Zeit fühlt sich keiner mehr vom anderen als der Mensch geachtet, respektiert, anerkannt und geliebt, der er nun einmal ist und sein möchte. Stattdessen empfindet man genau das Gegenteil von dem, was man sich eigentlich wünscht. Beide geben einander zu verstehen, dass der jeweils andere sich ändern soll. So, wie er ist, soll er nicht sein. Bis eine Beziehung daran zerbricht, dauert es oft viele Jahre. Glücklich sind beide Beteiligten jedoch unter Umständen schon länger nicht mehr miteinander gewesen. Während der ganzen Zeit haben beide gegenseitig versucht, den jeweils anderen entsprechend den eigenen Vorstellungen umzuerziehen und zu einem anderen Menschen zu machen. Geliebt kann sich bei solch einem Umgang jedoch niemand mehr fühlen. Auf Erziehung reagiert jeder erwachsene Mensch zurecht allergisch. Man fühlt sich dann vom Partner in der eigenen Autonomie und Persönlichkeit beschnitten. Einerseits scheinen wir uns also alle einen Menschen zu wünschen, der uns genau so anerkennt, wie wir sind. Andererseits scheinen viele von uns aber selbst nicht bereit zu sein, einen anderen so anzuerkennen, wie er ist. Wir selbst möchten alle für das, was wir denken, fühlen und tun wertgeschätzt oder zumindest respektiert werden. Einem anderen können viele scheinbar nur dann mit Wertschätzung und Respekt begegnen, wenn dieser zum eigenen Denken, Fühlen und Handeln passt. Das liegt eben genau daran, dass man das eigene Denken, Fühlen und Handeln für gut, richtig, wichtig, angebracht, ehrwürdig, gerecht und berechtigt betrachtet und nicht erkennt, dass jeder andere dies ganz genauso von sich denkt. Es fehlt das Bewusstsein, dass jeder Mensch sich selbst, seine Umgebung und die Welt durch eine eigene Brille erlebt und bewertet. Die eigene Brille ist für einen selbst genauso wichtig, richtig, wahr und

bedeutend, wie die Brille des anderen für ihn wichtig, richtig, wahr und bedeuten ist. Was für den einen richtig ist, kann für den anderen falsch sein. Sich der eigenen Brille und der des anderen nicht bewusst zu sein, sorgt dafür, dass jeder an den jeweils anderen nur den eigenen Maßstab anlegt. Probleme sind dann unvermeidlich, weil sich niemand mehr vom anderen gesehen, anerkannt und respektiert fühlt. Liebe kann unter solchen Bedingungen nicht lange gedeihen.

Noch einmal, weil es so wichtig ist: Unterschiede im Denken, Fühlen und Handeln sollten nicht zu Streitereien, Bevormundungen, Anschuldigungen etc. führen. Jeder möchte schließlich als der Mensch anerkannt werden, der er ist. Beide Seiten sollten versuchen, die jeweiligen Bedürfnisse, Wünsche und Interessen zu respektieren und unter einen Hut zu kriegen. Das heißt natürlich nicht, dass man mit allen Unterschieden einverstanden sein <u>muss</u>! Es heißt nur, dass man Unterschiede respektieren sollte. Es ist auch ganz und gar nicht falsch, sich einen Partner zu wünschen, der so ist, wie man ihn sich vorstellt. Nur, falls jemand nicht zu den eigenen Vorstellungen passt, ist es auf jeden Fall falsch, ihn dafür zu kritisieren, schuldig zu sprechen oder umerziehen zu wollen. Aus diesem Grund ist es für das gemeinsame Glück von allergrößtem Vorteil, wenn die ganz bedeutenden Lebensziele wenigstens einigermaßen zueinander passen. Alle anderen Unterschiede sollten bei einem entsprechend respektvollen, wertschätzenden und gleichberechtigten Umgang kein Problem darstellen. Jeder stellt dem anderen dann den Raum zur Verfügung, den er für die eigene Entwicklung und Entfaltung braucht. Jeder darf – im Rahmen der Beziehung – der Mensch sein, der er ist oder sein möchte! Wer solch einen Partner hat, fühlt sich geliebt. Aus der euphorischen Verliebtheit kann sich dann eine tiefe, einander verbindende Liebe entwickeln. Das ist die Basis für ein dauerhaftes, glückliches, gemeinsames Leben!

VON UNGLÜCKLICHEN & GLÜCKLICHEN BEZIEHUNGEN

Vom Ursprung fast aller Beziehungsprobleme

Fast jedes Beziehungsproblem basiert auf zu wenig Wertschätzung, Anerkennung, Respekt, Empathie, Verständnis etc. Die Beziehungspartner interessieren sich nicht ausreichend füreinander und gehen auch nicht wirklich gleichberechtigt miteinander um. Kurz gesagt: In unglücklichen Beziehungen herrscht ein Mangel an beziehungsrelevanter, sozialer Kompetenz, der sich nur negativ auf die gemeinsame Kommunikation, den gemeinsamen Umgang, das Gefühl der Liebe und damit auf die gemeinsame Beziehung auswirken kann. Die Probleme, die sich aus solch einem Kompetenzmangel zwangsläufig entwickeln werden, sind dann:

- Die Beziehung fühlt sich wie ein Kampf an.
- Emotionale Erpressungen (wenn du dies tust/nicht tust, dann).
- Fehlen von emotionaler Nähe.
- Fehlen von körperlicher Nähe.
- Fehlende Kommunikation.
- Schwierige Kommunikation.
- Finanzielle Engpässe.
- Kein oder wenig Vertrauen in den Fortbestand der Beziehung.
- Kein oder wenig Vertrauen in den Partner.
- Keine oder wenig Lust auf gemeinsame Unternehmungen.
- Mangelnde Konfliktlösestrategien.
- Probleme bei der Erziehung der Kinder.
- Probleme bleiben ungelöst – keine Einigung.
- Probleme durch Außenbeziehung / Untreue / Seitensprung.
- Probleme durch die Geburt eines Kindes.
- Probleme durch Dominanz / Machtansprüche.
- Probleme durch Eifersucht.

- Probleme durch Aufgabenverteilung z.b. im Haushalt oder andere Rollenverteilungen.
- Probleme durch Hobby oder andere Freizeitgestaltung des jeweils anderen.
- Probleme durch zu viel Routine / Gewohnheit im Alltag.
- Probleme in der Sexualität.
- Probleme mit dem Alter / durch das Alter.
- Probleme mit der Herkunftsfamilie / Eltern / Schwiegereltern / Großeltern.
- Probleme durch Unterschiede im Bedürfnis nach Ordnung.
- Probleme durch Unterschiede im Bedürfnis nach Pünktlichkeit.
- Probleme durch Unterschiede im Bedürfnis nach Raum und Zeit für sich allein sein zu können.
- Probleme durch Unterschiede in den Eigenschaften, Wertvorstellungen etc.
- Probleme durch Unterschiede in den Erwartungen und Ansprüchen an den jeweils anderen.
- Probleme durch zu unterschiedliche Ziele und Lebensziele.

Denken Sie bitte immer daran: Zu all diesen durch Unterschiede entstandenen Problemen muss es nicht kommen. Unterschiedlich zu sein ist menschlich. Wenn Unterschiede zu Problemen führen, liegt das immer daran, dass man weder bereit ist, noch die Kompetenz besitzt, den anderen so zu respektieren und anzunehmen, wie er ist oder sich über die unterschiedlichen Interessen und Bedürfnisse zu einigen. Um dauerhaft glücklich zu bleiben, sollten Sie sich dieses Zusammenhangs stets bewusst sein und entsprechend aufmerksam und achtsam miteinander umgehen.

Von der Basis gemeinsamen Beziehungsglücks
Um das Kapitel „Vom Ursprung fast aller Beziehungsprobleme" noch einmal positiv zu veranschaulichen, folgt hier der Umkehrschluss aus den vorangegangenen Zeilen:

Das Beziehungsglück fast aller Paare basiert auf einem gesunden Maß an Wertschätzung, Anerkennung, Respekt, Empathie, Verständnis etc. Die Beziehungspartner interessieren sich ausreichend füreinander und gehen gleichberechtigt miteinander um. Kurz gesagt: In glücklichen Beziehungen existiert genügend beziehungsrelevante, soziale Kompetenz, was sich nur positiv auf die gemeinsame Kommunikation, den gemeinsamen Umgang, das Gefühl der Liebe und damit auch auf die gemeinsame Beziehung auswirken kann. Das Beziehungsglück, das sich aus solch einem wertschätzenden, anerkennenden, respektvollen, empathischen, verständnisvollen, gleichberechtigten, gemeinsamen Umgang entwickeln kann, sieht dann wie folgt aus:

- Die Beziehung fühlt sich leicht und beglückend an.
- Beide lassen einander so denken, fühlen und handeln, wie es ihnen entspricht. Über alles reden darf man natürlich. Keiner muss sich aber für den anderen verbiegen oder gar aufgeben.
- Beide fühlen sich emotional nahe.
- Beide fühlen sich körperlich mit dem anderen wohl.
- Beide können im guten Sinne miteinander kommunizieren.
- Die Kommunikation ist vertrauensvoll und leicht.
- Die finanzielle Situation haben beide im Blick.
- Beide vertrauen in den Fortbestand der Beziehung.
- Beide haben viel Vertrauen ineinander.
- Beide haben Freude an gemeinsamen Unternehmungen.
- Konflikte können fair, respektvoll und sachlich gelöst werden.
- In Sachen Kindererziehung ist man sich einig.
- Bei Problemen kommt man zu einer Einigung.
- Es gibt so viel Vertrauen und WIR-Bewusstsein, dass es nicht zu Untreue kommt, weil man weiß, was einem die Beziehung wert ist und was man alles aufs Spiel setzen würde.
- Die Geburt eines Kindes würde die Beziehung bereichern.
- Beide gehen respektvoll und gleichberechtig miteinander um.
- Es gibt keine Eifersucht, weil jeder dem jeweils anderen gönnt, was dieser zum Glücklichsein braucht.

- Über die Aufgabenverteilung z.B. im Haushalt oder andere Rollenverteilungen wird man sich einig. Die Stärken und Schwächen von jedem werden dabei berücksichtigt.
- Hobbies und andere Freizeitgestaltungen machen Freude. Jeder gönnt dem jeweils anderen die eigenen Interessen. Ideal ist es natürlich, auch genügend gemeinsame Interessen zu haben, um ausreichend viel Zeit miteinander zu verbringen.
- Der Alltag bleibt lebendig, bereitet Freude und macht Sinn.
- Es gibt genügend Harmonie und Liebe, weshalb auch das Bedürfnis nach Zärtlichkeit und Sexualität erhalten bleibt.
- Man hat Freude am gemeinsamen Älterwerden.
- Für Probleme mit den Herkunftsfamilien / Eltern / Großeltern / Schwiegereltern findet man gemeinsam Lösungen.
- Für Unterschiede im Bedürfnis nach Ordnung findet man gemeinsam eine für beide Seiten respektable Lösung.
- Für Unterschiede im Bedürfnis nach Pünktlichkeit findet man gemeinsam eine für beide Seiten respektable Lösung.
- Unterschiede im Bedürfnis nach Raum und Zeit für sich allein zu sein, werden wechselseitig anerkannt und dem Partner nicht als Desinteresse oder mangelnde Liebe ausgelegt.
- Für Unterschiede in den Eigenschaften, Wertvorstellungen etc. findet man gemeinsam respektable Lösungen.
- Unterschiede in den Erwartungen und Ansprüchen an den jeweils anderen gibt es immer weniger, weil man sich gegenseitig immer mehr und mehr als den Menschen anerkennt, der man ist.
- Zu unterschiedliche Ziele und Lebensziele existieren nicht oder werden vom jeweils anderen respektiert.

Denken Sie bitte beim Weiterlesen immer daran: Solch wunderbares Beziehungsglück erfordert ein gewisses Maß an sozialer Kompetenz. Sie brauchen die Bereitschaft, sich selbst und dem Partner mit so viel Wertschätzung, Anerkennung, Respekt, Empathie, Verständnis und Gleichberechtigung zu begegnen, dass Unterschiede im Denken, Fühlen und Handeln nicht zu Problemen führen. Das auf den nächsten Seiten folgende Beziehungswissen,

dass das Buch Ihnen in Form von Denkanstößen und Erkenntnissen aus der Paarberatung bereithält, soll Ihnen genau dazu dienen! Nehmen Sie sich Zeit und gehen Sie vergnügt, interessiert und lernbereit an die Bearbeitung der Fragen heran! Seien Sie offen und ehrlich zu sich selbst und zu Ihrer Partnerin bzw. Ihrem Partner. Betrachten Sie das Ganze bitte nicht als Test, mit dem Sie überprüfen, ob Ihre Beziehung eine Chance hat oder nicht, denn darum geht es nicht. Nutzen Sie dieses Buch zu dem Zweck, für den es gedacht ist:

Sichern Sie sich Ihr gemeinsames Glück!

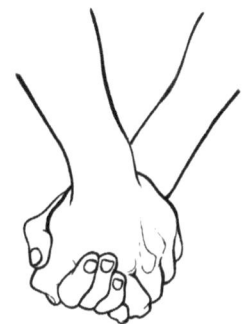

BEZIEHUNGSWISSEN FÜR DAUERHAFTES PAARGLÜCK

Wissensbausteine von 01 bis 182
Das nachfolgende Beziehungswissen in Form von Denkanstößen und Erkenntnissen aus der Paarberatung dient Ihnen zur Vorsorge und Sicherung Ihres gemeinsamen Beziehungsglücks. Lesen Sie die einzelnen Wissensbausteine jeweils gemeinsam. Eventuell lesen Sie abwechselnd einander vor oder vielleicht möchte einer von Ihnen beiden das Vorlesen ganz übernehmen. Das spielt keine Rolle. Tun Sie es einfach so, wie es zu Ihnen passt. Machen Sie

sich dann gemeinsam über jeden einzelnen Wissensbaustein Gedanken. Einigen Sie sich auf eine Bewertung in der Zahlenskala. Falls es Ihnen lieber ist, wenn jeder von Ihnen seine eigene Bewertung abgibt, dürfen Sie das natürlich auch machen. Rechnen Sie in diesem Fall einfach beide Bewertungen zusammen und teilen Sie diese dann durch zwei. Dann haben Sie den Durchschnittswert Ihrer beiden Bewertungen! (Falls Sie mit der eBook-Ausgabe arbeiten, schreiben Sie bitte einfach Ihre Bewertungen zu den einzelnen Wissensbausteinen auf einem Blatt Papier auf.) So oder so brauchen Sie Ihre Bewertungen später für die Erstellung Ihrer Beziehungswissen-Bucket-List. Wundern Sie sich bitte nicht, dass es in diesem Buch nicht die üblichen netten Sprüche und wohlklingenden Lebensweisheiten gibt. Genauso wenig erhalten Sie hier altbekannte, gutgemeinte Ratschläge wie etwa „verbringen Sie viel Zeit miteinander; schreiben Sie etwas Nettes auf den Badezimmerspiegel; bringen Sie Ihrer Partnerin öfter mal Blumen mit; unternehmen Sie auch mal etwas Neues etc." Das ist zwar alles nicht falsch, aber mit welchen Gesten man den Partner überrascht oder mit was genau man die gemeinsame Zeit ausfüllt, ist ganz sicher individuell sehr verschieden. Wenn Sie einen beziehungserhaltenden Umgang miteinander pflegen, wird es Ihnen sicher nicht schwer fallen, selbst Ihre Partnerschaft mit liebevollen Gesten, interessanten Unternehmungen und sonstigen Ideen lebendig und spannend zu halten. Genau um diesen guten Umgang miteinander geht es in diesem Buch. Es geht darum, Sie und Ihre Partnerin bzw. Ihren Partner dafür zu sensibilisieren, einander wertschätzend, respektvoll, empathisch, gleichberechtigt und verständnisvoll zu begegnen. Alles Weitere findet sich dann von ganz allein. Da es sich im Kern stets darum dreht, darauf zu achten, gut miteinander auszukommen, wiederholen sich die Thematiken in den einzelnen Wissensbausteinen regelmäßig. Es werden aber jedes Mal neue Umschreibungen verwendet, sodass Sie zu den einzelnen Themenbereichen dennoch immer wieder etwas Neues erfahren. Wiederholungen machen außerdem aus mehreren Gründen Sinn. Das Wissen soll schließlich nicht gleich wieder in Vergessenheit geraten, sondern in Ihrem Bewusstsein wirklich ankommen.

Beziehungswissen 01: Grundlegend für gemeinsames Glück ist, dass beide Beziehungspartner respektvoll, anerkennend und wertschätzend miteinander umgehen. Wir alle haben eigene Bedürfnisse, Meinungen, Gefühle, Interessen, Werte, Wünsche, Begehren, Ängste, Fähigkeiten, Unfähigkeiten, Befindlichkeiten, Prägungen, Neigungen, Talente, Eigenschaften, Prioritäten, Stärken, Schwächen, Verletzbarkeiten, Defizite etc. Meine sind für mich genauso bedeutend und zu mir gehörend, wie deine für dich bedeutend und zu dir gehörend sind!

Wir möchten so, wie wir sind, respektiert, anerkannt und wertgeschätzt werden. Nur dann können wir uns vom anderen geliebt fühlen.

Ist uns das beiden klar? Ist es uns beiden wirklich wichtig, uns gegenseitig das Gefühl zu geben, vom jeweils anderen als der Mensch respektiert, anerkannt und wertgeschätzt zu werden, der wir sind? Oder stellen wir uns stattdessen vor, das Recht zu haben, den jeweils anderen signalisieren zu können, dass er so wie er ist, nicht okay ist und dass er sich ändern und so werden soll, wie wir es uns wünschen?

Auf einer Skala von 1 bis 10 – wie achtsam gehen wir im Sinne dieses Wissensbausteins aktuell miteinander um?

1	2	3	4	5	6	7	8	9	10
bitte ankreuzen (1 = sehr unachtsam, 10 = sehr achtsam)									

Sind wir diesbezüglich glücklich oder sind wir gut beraten, wenn wir hier zukünftig achtsamer miteinander sind?

Beziehungswissen 02: Vieles, was der eine für den anderen tut oder an positiven Aspekten in die Beziehung einbringt, wird schnell für selbstverständlich gehalten. Tatsächlich ist es das aber nicht! Und manches wird mit der Zeit nicht nur für selbstverständlich gehalten, sondern man bekommt schon bald auch gar nicht mehr mit, was an Positivem überhaupt alles vorhanden ist. Leider

empfinden Menschen für alles, was sie mit der Zeit für selbstverständlich halten, keine Dankbarkeit mehr. Hierfür ein Bewusstsein zu entwickeln, achtsam zu sein, die Leistung des Partners zu erkennen und dafür Dankbarkeit und Wertschätzung zum Ausdruck zu bringen, stabilisiert jede Paarbeziehung und intensiviert das emotionale Band zwischen beiden Partnern!

Auf einer Skala von 1 bis 10 – wie achtsam gehen wir im Sinne dieses Wissensbausteins aktuell miteinander um?

1	*2*	*3*	*4*	*5*	*6*	*7*	*8*	*9*	*10*
bitte ankreuzen (1 = sehr unachtsam, 10 = sehr achtsam)									

Sind wir diesbezüglich glücklich oder sind wir gut beraten, wenn wir hier zukünftig achtsamer miteinander sind?

Beziehungswissen 03: Jeder Mensch wünscht sich einen Partner, bei dem er sich geborgen, unterstützt, anerkannt und geliebt fühlen kann! Bekomme ich das hin, achtsam zu sein und dafür zu sorgen, dass du dich bei mir geborgen, unterstützt, geachtet und geliebt fühlen kannst? Vielleicht einfach nur mit regelmäßigen, kleinen Aufmerksamkeiten und Gesten der Zuneigung? Bekommst du das hin, achtsam zu sein und dafür zu sorgen, dass ich mich bei dir geborgen, unterstützt, geachtet und geliebt fühlen kann? Vielleicht einfach nur mit regelmäßigen, kleinen Aufmerksamkeiten und Gesten der Zuneigung?

Auf einer Skala von 1 bis 10 – wie achtsam gehen wir im Sinne dieses Wissensbausteins aktuell miteinander um?

1	*2*	*3*	*4*	*5*	*6*	*7*	*8*	*9*	*10*
bitte ankreuzen (1 = sehr unachtsam, 10 = sehr achtsam)									

Sind wir diesbezüglich glücklich oder sind wir gut beraten, wenn wir hier zukünftig achtsamer miteinander sind?

Beziehungswissen 04: Frisch Verliebten erscheint die Welt bekanntlich rosarot. Blättern Sie im Buch auf die Seite 121 vor und lesen Sie die Beiträge unter den Überschriften: „Von der Verliebtheit am Anfang einer Beziehung" und „Von der Unkenntnis zweier Liebenden"!

Auf einer Skala von 1 bis 10 – wie achtsam gehen wir im Sinne dieses Wissensbausteins aktuell miteinander um?

1	2	3	4	5	6	7	8	9	10
bitte ankreuzen (1 = sehr unachtsam, 10 = sehr achtsam)									

Sind wir diesbezüglich glücklich oder sind wir gut beraten, wenn wir hier zukünftig achtsamer miteinander sind?

Beziehungswissen 05: Einen anderen Menschen zu lieben bedeutet, ihn glücklich machen zu wollen. Es gibt nur eine Möglichkeit, den Partner glücklich zu machen. Man muss ihn als den Menschen anerkennen, der er ist, und ihm den Raum zur Verfügung stellen, den er für seine Entwicklung und Entfaltung braucht. Ganz am Anfang einer Beziehung, in der Phase der ersten Verliebtheit, glauben wir, den Menschen gefunden zu haben, der uns genau deshalb liebt, weil wir so sind, wie wir sind. Herrscht ein Mangel an sozialer Kompetenz in Form von zu wenig Respekt, Wertschätzung, Akzeptanz und Gleichberechtigung in der Beziehung vor, verflüchtigen sich diese Überzeugung und das Gefühl, geliebt zu werden, nach und nach.

Auf einer Skala von 1 bis 10 – wie achtsam gehen wir im Sinne dieses Wissensbausteins aktuell miteinander um?

1	2	3	4	5	6	7	8	9	10
bitte ankreuzen (1 = sehr unachtsam, 10 = sehr achtsam)									

Sind wir diesbezüglich glücklich oder sind wir gut beraten, wenn wir hier zukünftig achtsamer miteinander sind?

Beziehungswissen 06: Menschen sind oft keine Weltmeister darin, Fehler zuzugeben. Wir werden von Kindesbeinen an dazu angehalten, Leistung zu erbringen. Auf diese Weise lernen wir leider nicht, unsere Schwächen zu zeigen und zu unseren Niederlagen zu stehen. Wir haben deshalb ein inneres Abwehrprogramm entwickelt, das nicht nur Kritik automatisch abwehrt. Es blockiert auch jedwede Einsichtsfähigkeit, wenn es darum geht, eigene Fehler zu erkennen und zuzugeben. Diese unbewusste Abwehr will uns davor schützen, als der Verlierer, der Unterlegene, der Sich-Irrende oder Schwache dazustehen! Dieser falsche Stolz führt bei Paaren häufig zur Zuspitzung und Verhärtung von Beziehungsproblemen. Es ist daher sehr heilsam, wenn wir uns bewusst darin üben, uns selbst unsere Schwächen, Fehler, Irrtümer und Niederlagen einzugestehen und sie gegenüber dem Partner zuzugeben. Die positive Wirkung tritt meist sofort spürbar ein!

Auf einer Skala von 1 bis 10 – wie achtsam gehen wir im Sinne dieses Wissensbausteins aktuell miteinander um?

1	2	3	4	5	6	7	8	9	10

bitte ankreuzen (1 = sehr unachtsam, 10 = sehr achtsam)

Sind wir diesbezüglich glücklich oder sind wir gut beraten, wenn wir hier zukünftig achtsamer miteinander sind?

Beziehungswissen 07: Im Verstehen, dass jeder die Welt durch eine eigene (andere) Brille wahrnimmt, liegt sehr große, friedenstiftende, heilsame Kraft. Sich für die Sicht des anderen zu interessieren und zu versuchen ihn zu verstehen, ist ein Zeugnis hoher Sozialkompetenz. Wer das zutiefst verstanden hat, dem ist auch klar, dass es bei der gemeinsamen Kommunikation und beim gemeinsamen Umgang zwar Meinungsverschiedenheiten geben kann, dass es aber niemals zu Respektlosigkeit, Rechthaberei, Bevormundung und anderen gewaltsamen Übergriffen kommen darf. Die Meinung des anderen mag uns manchmal falsch vorkommen, doch warum sollten wir deswegen streiten? Woher

nehmen wir das Recht, wenn wir es doch tun? Wenn wir die Meinung des anderen einfach so stehen lassen können, ist das ein Zeichen von Respekt, Gleichberechtigung und Sozialkompetenz!

Auf einer Skala von 1 bis 10 – wie achtsam gehen wir im Sinne dieses Wissensbausteins aktuell miteinander um?

1	2	3	4	5	6	7	8	9	10
bitte ankreuzen (1 = sehr unachtsam, 10 = sehr achtsam)										

Sind wir diesbezüglich glücklich oder sind wir gut beraten, wenn wir hier zukünftig achtsamer miteinander sind?

Beziehungswissen 08: Für einen vertrauensvollen, offenen und ehrlichen Umgang ist es erforderlich, sich nicht nur vom jeweils andern zu wünschen, dass dieser immer offen und ehrlich über alles spricht, sondern beide sollten jeweils auch die Bereitschaft besitzen, die offen und ehrlich anvertraute Wahrheit des anderen unvoreingenommen anzuhören, diese als zu ihm gehörend anzuerkennen und ihm keine Vorwürfe zu machen, wenn einem die Wahrheit nicht gefällt oder wenn diese manchmal sogar verletzend ist! Es ist nicht zu vermeiden, dass zwei Menschen aufgrund ihrer Unterschiede im Denken, Fühlen und Handeln manchmal etwas tun, das dem jeweils anderen nicht gefällt. Das ist nicht so, weil einer dem anderen wehtun will, sondern es ist eine Begleiterscheinung individueller Bedürfnisbefriedigung!

Auf einer Skala von 1 bis 10 – wie achtsam gehen wir im Sinne dieses Wissensbausteins aktuell miteinander um?

1	2	3	4	5	6	7	8	9	10
bitte ankreuzen (1 = sehr unachtsam, 10 = sehr achtsam)										

Sind wir diesbezüglich glücklich oder sind wir gut beraten, wenn wir hier zukünftig achtsamer miteinander sind?

Beziehungswissen 09: Grundlegend für eine glückliche Beziehung ist eine gute, einander zugewandte, wertschätzende Kommunikation! Wertschätzend zu kommunizieren bedeutet: einander zuzuhören! Einander verstehen und respektieren zu wollen! Sich dafür zu öffnen und zu interessieren, was der andere denkt und fühlt bzw. was er von sich mitteilt. Sich nicht gegenseitig ins Wort zu fallen oder bereits nach Gegenargumenten zu suchen, derweil der Partner noch gar nicht zu Ende gesprochen hat.

Auf einer Skala von 1 bis 10 – wie achtsam gehen wir im Sinne dieses Wissensbausteins aktuell miteinander um?

1	2	3	4	5	6	7	8	9	10
bitte ankreuzen (1 = sehr unachtsam, 10 = sehr achtsam)									

Sind wir diesbezüglich glücklich oder sind wir gut beraten, wenn wir hier zukünftig achtsamer miteinander sind?

Beziehungswissen 10: Ob eine Beziehung dauerhaft bestehen kann, hängt davon ab, ob zwei Menschen gut zueinander passen, weil es zwischen Ihnen entweder a) nur wenige Unterschiede im Denken, Fühlen und Handeln gibt; oder b) sie die Bereitschaft und Kompetenz besitzen, über vorhandene Differenzen respektvoll miteinander zu reden und sich zu einigen; oder c) sie einander trotz der Unterschiede einfach so respektieren können, wie sie sind!

Auf einer Skala von 1 bis 10 – wie achtsam gehen wir im Sinne dieses Wissensbausteins aktuell miteinander um?

1	2	3	4	5	6	7	8	9	10
bitte ankreuzen (1 = sehr unachtsam, 10 = sehr achtsam)									

Sind wir diesbezüglich glücklich oder sind wir gut beraten, wenn wir hier zukünftig achtsamer miteinander sind?

Beziehungswissen 11: Da Geringschätzung das übelste Beziehungsgift ist, das es gibt, ist es in einer Paarbeziehung wichtig, möglichst ohne jede Form von Geringschätzung auszukommen.

Auf einer Skala von 1 bis 10 – wie achtsam gehen wir im Sinne dieses Wissensbausteins aktuell miteinander um?

1	2	3	4	5	6	7	8	9	10
bitte ankreuzen (1 = sehr unachtsam, 10 = sehr achtsam)

Sind wir diesbezüglich glücklich oder sind wir gut beraten, wenn wir hier zukünftig achtsamer miteinander sind?

Beziehungswissen 12: Ist uns bewusst, dass wir nur glücklich sein können, wenn wir einander das Gefühl vermitteln, dass wir so, wie wir sind, in Ordnung sind?

Also: Ist mir bewusst, dass du nur glücklich sein kannst, wenn ich dir das Gefühl gebe, dass du der Mensch sein darfst, der du bist und sein möchtest?

Ist dir bewusst, dass ich nur glücklich sein kann, wenn du mir das Gefühl gibst, dass ich der Mensch sein darf, der ich bin und sein möchte?

Auf einer Skala von 1 bis 10 – wie achtsam gehen wir im Sinne dieses Wissensbausteins aktuell miteinander um?

1	2	3	4	5	6	7	8	9	10
bitte ankreuzen (1 = sehr unachtsam, 10 = sehr achtsam)

Sind wir diesbezüglich glücklich oder sind wir gut beraten, wenn wir hier zukünftig achtsamer miteinander sind?

Beziehungswissen 13: Verachtung ist ein sehr starkes Beziehungsgift. Genervt zu seufzen, mit den Augen zu rollen, auf den Partner herabzusehen oder ihn auf andere Weise geringzuschätzen, ist bereits ein Ausdruck von Verachtung.

Ironie und Sarkasmus können auch Verachtung beinhalten. Daher sind sie nur mit Bedacht in der gemeinsamen Kommunikation anzuwenden!

In glücklichen Beziehungen gibt es keine Verachtung. In unglücklichen Beziehung tritt sie häufig sogar vermehrt auf.

Auf einer Skala von 1 bis 10 – wie achtsam gehen wir im Sinne dieses Wissensbausteins aktuell miteinander um?

1	2	3	4	5	6	7	8	9	10
bitte ankreuzen (1 = sehr unachtsam, 10 = sehr achtsam)									

Sind wir diesbezüglich glücklich oder sind wir gut beraten, wenn wir hier zukünftig achtsamer miteinander sind?

Beziehungswissen 14: Geliebt fühlen wir uns nur dann, wenn wir von unserem Partner das Gefühl vermittelt bekommen, dass wir uns immer vertrauensvoll an ihn wenden können – ganz egal, was wir ihm anzuvertrauen, mitzuteilen oder zu beichten haben.

Auf einer Skala von 1 bis 10 – wie achtsam gehen wir im Sinne dieses Wissensbausteins aktuell miteinander um?

1	2	3	4	5	6	7	8	9	10
bitte ankreuzen (1 = sehr unachtsam, 10 = sehr achtsam)									

Sind wir diesbezüglich glücklich oder sind wir gut beraten, wenn wir hier zukünftig achtsamer miteinander sind?

Beziehungswissen 15: Respekt ist ein Grundpfeiler in glücklichen Beziehungen. Dazu einige Worte eines glücklichen Paares:

„Wir respektieren und achten den jeweils anderen in seiner Individualität. Wir beide wissen, dass wir nun einmal so sind wie wir sind. Wir können zumindest jetzt und hier nicht anders denken, fühlen und handeln, als es uns jetzt und hier aufgrund unserer Entwicklung, Prägung, Neigungen, Stärken, Schwächen, Verletzungen, Fähigkeiten und Unfähigkeiten etc. möglich ist.

Nicht nur wir beide, sondern jeder Mensch kann nur so sein, wie es ihm möglich ist. Wenn wir uns das vor Augen halten, kommen wir nicht umhin, zu verstehen, dass jeder nur der Mensch sein kann, der er ist. Das heißt nicht, dass wir immer alles toll finden müssen, was der andere denkt, fühlt und tut.

Natürlich können wir mit dem jeweils anderen darüber sprechen, welche Eigenschaften uns an ihm stören. Das gibt jedem ja auch die Möglichkeit, sich selbst zu überprüfen und sich gegebenenfalls verändern zu können. Jedoch sollten wir erkennen, dass die Individualität des anderen grundsätzlich zu respektieren ist. Er hat das Recht, der Mensch zu sein, der er ist und sein möchte. Wir wollen doch schließlich alle in einer Beziehung leben, in der uns der andere das Gefühl gibt, der Mensch sein zu dürfen, der wir sind.

Dort, wo wir selbst erkennen, dass wir etwas an uns verändern wollen, können wir an uns arbeiten. Aber nichts kann vom Partner erzwungen werden.“

Auf einer Skala von 1 bis 10 – wie achtsam gehen wir im Sinne dieses Wissensbausteins aktuell miteinander um?

1	2	3	4	5	6	7	8	9	10

bitte ankreuzen (1 = sehr unachtsam, 10 = sehr achtsam)

Sind wir diesbezüglich glücklich oder sind wir gut beraten, wenn wir hier zukünftig achtsamer miteinander sind?

Beziehungswissen 16: Zu leben bedeutet, in einem stetigen Wandlungsprozess zu sein. Jeder einzelne entwickelt sich weiter. Weil sich jeder einzelne weiterentwickelt, wird jeder auch immer mit der Entwicklung des jeweils anderen konfrontiert. Für eine glückliche Beziehung ist es gut, wenn sich jeder für die Entwicklung des anderen interessiert und nicht versucht, diesen daran zu hindern. Beide müssen dabei im Auge behalten, wie es bei dieser stetigen Entwicklung und Wandlung möglich wird, die gemeinsame Beziehung weiterhin zu pflegen. Also auch die Beziehung befindet sich in einem stetigen Entwicklungsprozess. Dafür braucht es die Bereitschaft von beiden, Entwicklung als etwas Unvermeidbares, Lebensnotwendiges und zugleich Lebensdienliches anzuerkennen. Wer hingegen davon ausgeht, eine Beziehung oder eine Liebe müsse möglichst immer so bleiben, wie sie in ihrer Anfangszeit war, wird in der Regel schon bald Schiffbruch erleiden. Die Schuld dafür wird dann gern dem jeweils anderen in die Schuhe geschoben. Das ist schließlich einfacher, als sich selbst einzugestehen, dass die eigenen Vorstellungen des gemeinsamen Glücks zu unrealistisch und naiv waren!

Auf einer Skala von 1 bis 10 – wie achtsam gehen wir im Sinne dieses Wissensbausteins aktuell miteinander um?

1	2	3	4	5	6	7	8	9	10
bitte ankreuzen (1 = sehr unachtsam, 10 = sehr achtsam)									

Sind wir diesbezüglich glücklich oder sind wir gut beraten, wenn wir hier zukünftig achtsamer miteinander sind?

Beziehungswissen 17: Bei einem Streit mit Trennung oder ähnlich drastischen Drohungen aufzuwarten, hinterlässt beim Partner oft schwere seelische Wunden. Es ist daher ratsam, niemals solche Drohungen zu formulieren.

Falls man im Eifer des Gefechts doch einmal mit solch einem schweren Geschütz um sich geschossen hat, ist es angebracht, sich im Anschluss, wenn die Wut verflogen ist, beim Partner zu

entschuldigen. „Es tut mir Leid, es war falsch, das zu sagen, aber ich war so wütend, dass mir das einfach so rausgerutscht ist ..." Das kann sehr heilsam wirken!

Auf einer Skala von 1 bis 10 – wie achtsam gehen wir im Sinne dieses Wissensbausteins aktuell miteinander um?

1	2	3	4	5	6	7	8	9	10
bitte ankreuzen (1 = sehr unachtsam, 10 = sehr achtsam)									

Sind wir diesbezüglich glücklich oder sind wir gut beraten, wenn wir hier zukünftig achtsamer miteinander sind?

Beziehungswissen 18: Wichtige Grundpfeiler einer glücklichen Beziehung sind: Wertschätzung, Anerkennung, Respekt, Empathie und Gleichberechtigung. Diese bieten auch den Nährboden für Harmonie und dauerhafte Liebe!

Auf einer Skala von 1 bis 10 – wie achtsam gehen wir im Sinne dieses Wissensbausteins aktuell miteinander um?

1	2	3	4	5	6	7	8	9	10
bitte ankreuzen (1 = sehr unachtsam, 10 = sehr achtsam)									

Sind wir diesbezüglich glücklich oder sind wir gut beraten, wenn wir hier zukünftig achtsamer miteinander sind?

Beziehungswissen 19: Menschen machen Fehler! Fehler zu machen ist menschlich! Sogar große Fehler zu machen ist menschlich! Aufgrund unserer komplexen und vielschichtigen Denkgebäude, Verhaltensmuster und Gefühlsstrukturen fällt es uns nicht immer leicht, uns so zu verhalten, wie es für uns und andere am besten, gerechtesten, ehrlichsten oder erfreulichsten ist. Erstrecht nicht, wenn es uns gerade nicht gut geht oder unsere unerfüllten Bedürfnisse uns quälen. Einem anderen seine Fehler zu

vergeben und zu verzeihen ist daher nicht nur genauso menschlich, sondern auch ein Zeichen für innere Größe und soziale Kompetenz. Damit beweist man Respekt, Wertschätzung und Verständnis gegenüber dem anderen. Vergeben und verzeihen zu können, bedeutet auch, nicht nur die Fehler des anderen zu sehen, sondern neben diesen auch seine positiven Aspekte. Mit Vergebung und Verzeihung entlastet man ferner nicht nur den anderen, sondern auch sich selbst. Insgesamt wirkt sich das sehr heilsam auf jede Beziehung aus!

Auf einer Skala von 1 bis 10 – wie achtsam gehen wir im Sinne dieses Wissensbausteins aktuell miteinander um?

1	2	3	4	5	6	7	8	9	10
bitte ankreuzen (1 = sehr unachtsam, 10 = sehr achtsam)									

Sind wir diesbezüglich glücklich oder sind wir gut beraten, wenn wir hier zukünftig achtsamer miteinander sind?

Beziehungswissen 20: Gibt es Situation, in denen Sie das Denken, Fühlen und Handeln Ihres Partners nicht nachvollziehen können und sich daraufhin ein negatives Urteil über ihn erlauben? Neigen Sie dazu, Ihren Partner zu kritisieren, wenn er etwas sagt, denkt, fühlt oder tut, was Ihnen nicht gefällt? Ist Ihnen klar, dass niemand sich durch solche Geringschätzungen geachtet und geliebt fühlen kann?

Auf einer Skala von 1 bis 10 – wie achtsam gehen wir im Sinne dieses Wissensbausteins aktuell miteinander um?

1	2	3	4	5	6	7	8	9	10
bitte ankreuzen (1 = sehr unachtsam, 10 = sehr achtsam)									

Sind wir diesbezüglich glücklich oder sind wir gut beraten, wenn wir hier zukünftig achtsamer miteinander sind?

Beziehungswissen 21: Das Denken, Fühlen und Handeln des anderen ernst zu nehmen, zu akzeptieren, zu respektieren, zu bestätigen, wirkt sich positiv auf jede Beziehung aus!

Auf einer Skala von 1 bis 10 – wie achtsam gehen wir im Sinne dieses Wissensbausteins aktuell miteinander um?

1	2	3	4	5	6	7	8	9	10
bitte ankreuzen (1 = sehr unachtsam, 10 = sehr achtsam)									

Sind wir diesbezüglich glücklich oder sind wir gut beraten, wenn wir hier zukünftig achtsamer miteinander sind?

Beziehungswissen 22: Zuverlässigkeit ist ein Grundpfeiler in jeder glücklichen Beziehung. Jeder kann mal etwas vergessen. Es ist sicher falsch, einen Menschen wegen solcher Einzelfälle gleich als unzuverlässig einzustufen. Aber auch ein wirklich unzuverlässiger Partner muss nicht aus böser Absicht oder Desinteresse handeln. Vielleicht ist es einfach nur ein Aspekt seiner psychologischen Struktur. Er ist einfach ein bisschen vergesslich oder verpeilt. Ganz egal, ob jemand aus reiner Vergesslichkeit oder aus Desinteresse nicht zuverlässig ist, der Partner fühlt sich in der Regel dadurch übergangen, übersehen, vergessen und nicht beachtet. Falls auf das Wort des Partners häufig kein Verlass ist, lohnt es, sich darüber Gedanken zu machen, ob es einfach in seiner Natur liegt, so zu sein, oder ob wirklich Desinteresse dahinter steckt!? Sehr oft liegt es nicht am fehlenden Interesse!

Auf einer Skala von 1 bis 10 – wie achtsam gehen wir im Sinne dieses Wissensbausteins aktuell miteinander um?

1	2	3	4	5	6	7	8	9	10
bitte ankreuzen (1 = sehr unachtsam, 10 = sehr achtsam)									

Sind wir diesbezüglich glücklich oder sind wir gut beraten, wenn wir hier zukünftig achtsamer miteinander sind?

Beziehungswissen 23: Für die Harmonie, Zweisamkeit und Liebe in einer Beziehung ist es sehr heilsam, wenn sich beide an der Beziehung Beteiligten immer wieder fragen, ob sie ihrem Partner mit genügend Empathie (Einfühlungsvermögen) begegnen!

Auf einer Skala von 1 bis 10 – wie achtsam gehen wir im Sinne dieses Wissensbausteins aktuell miteinander um?

1	2	3	4	5	6	7	8	9	10
bitte ankreuzen (1 = sehr unachtsam, 10 = sehr achtsam)									

Sind wir diesbezüglich glücklich oder sind wir gut beraten, wenn wir hier zukünftig achtsamer miteinander sind?

Beziehungswissen 24: Eine erfüllte Partnerschaft stellt in der Regel für fast alle Menschen die größte Sehnsucht dar. Einerseits stellen wir uns dieses Ideal alle so vor, dass unser Partner uns so akzeptiert und liebt, wie wir sind. Andererseits wünschen wir uns alle einen Partner, der so ist, wie wir es uns vorstellen. Beide Wünsche passen in der Regel jedoch nicht zusammen.

Für eine glückliche, gesunde Paarbeziehung ist es daher sehr förderlich und heilsam, wenn sich jeder darüber bewusst ist, dass die Ansprüche und Erwartungen, die wir an den Partner haben, häufig viel zu hoch, naiv und unrealistisch sind.

Auf einer Skala von 1 bis 10 – wie achtsam gehen wir im Sinne dieses Wissensbausteins aktuell miteinander um?

1	2	3	4	5	6	7	8	9	10
bitte ankreuzen (1 = sehr unachtsam, 10 = sehr achtsam)									

Sind wir diesbezüglich glücklich oder sind wir gut beraten, wenn wir hier zukünftig achtsamer miteinander sind?

Beziehungswissen 25: Ein wenig Eifersucht ist ganz natürlich und mag einer funktionierenden Beziehung nicht wirklich schaden. Aber grundsächlich gilt: Eifersucht hat eher wenig mit Liebe zu tun. Wer zur Eifersucht neigt, hat in der Regel ein schwaches Selbstwertgefühl und / oder fühlt sich von der Partnerschaft abhängig und / oder besitzt insgesamt gesehen keine gute Lebenszufriedenheit. Liebe ist ein positives Gefühl. Sie wird von Vertrauen getragen. Einen Menschen zu lieben bedeutet zudem, an dessen Glück und Entwicklung interessiert zu sein. „Das, was du zum Glücklichsein brauchst, das gönne ich dir, egal, was es ist." Eifersucht ist hingegen ein Gemisch aus negativen Gefühlen. Ihr liegt Misstrauen zugrunde. Eifersucht wirkt also genau gegenteilig. Es bedeutet, dass man nicht wirklich am Glück des anderen interessiert ist. „Du darfst zwar glücklich sein, aber nur im Rahmen meiner eigenen Vorstellungen." Der Partner wird eingeengt und in seiner Freiheit beschnitten. Eifersucht bedeutet, den Partner nach eigenen Vorstellungen formen zu wollen! Das kann sich auf eine Beziehung nur negativ auswirken!

Auf einer Skala von 1 bis 10 – wie achtsam gehen wir im Sinne dieses Wissensbausteins aktuell miteinander um?

1	2	3	4	5	6	7	8	9	10
bitte ankreuzen (1 = sehr unachtsam, 10 = sehr achtsam)									

Sind wir diesbezüglich glücklich oder sind wir gut beraten, wenn wir hier zukünftig achtsamer miteinander sind?

Beziehungswissen 26: Manchmal denkt, fühlt oder handelt der Partner anders als man selbst oder als man es sich wünscht. Das ist nicht so, weil er kein guter Partner sein will, sondern weil er ein anderer, eigenständiger Mensch ist, der nichts anderes tut, als das, was wir selbst auch tun. Nämlich: das Leben nach eigenen natürlichen und erlernten Bedürfnissen, Stärken und Schwächen zu gestalten. Dahinter steckt keine schlechte Absicht!

Auf einer Skala von 1 bis 10 – wie achtsam gehen wir im Sinne dieses Wissensbausteins aktuell miteinander um?

1	2	3	4	5	6	7	8	9	10

bitte ankreuzen (1 = sehr unachtsam, 10 = sehr achtsam)

Sind wir diesbezüglich glücklich oder sind wir gut beraten, wenn wir hier zukünftig achtsamer miteinander sind?

Beziehungswissen 27: Grundlegend für eine glückliche Beziehung ist eine einander wertschätzende Kommunikation! Um wertschätzend miteinander zu kommunizieren, bedarf es keiner besonderen Technik, sondern viel mehr einer achtsamen, respektvollen Grundhaltung. Man sollte zutiefst verstehen, dass zwei Menschen, die Differenzen miteinander zu klären haben, beide gleichermaßen dazu berechtigt sind, ihre eigene Meinung zu besitzen.

Die eigene Meinung ist für einen selbst genauso wichtig, berechtigt und wahr, wie die Meinung des anderen für ihn wichtig, berechtigt und wahr ist. Mit dem Partner darüber zu streiten, wer Recht hat oder die berechtigtere, bessere oder ehrenwertere Sicht vertritt, ist ein Zeichen für einen Mangel an Respekt, Wertschätzung und Gleichberechtigung. Ist uns das beiden klar? Haben wir eine achtsame, respektvolle Grundhaltung, wenn wir miteinander kommunizieren?

Auf einer Skala von 1 bis 10 – wie achtsam gehen wir im Sinne dieses Wissensbausteins aktuell miteinander um?

1	2	3	4	5	6	7	8	9	10

bitte ankreuzen (1 = sehr unachtsam, 10 = sehr achtsam)

Sind wir diesbezüglich glücklich oder sind wir gut beraten, wenn wir hier zukünftig achtsamer miteinander sind?

Beziehungswissen 28: Offen und ehrlich auszusprechen, wer wir sind, was gerade in uns ist, woran wir gerade leiden, was uns aktuell bewegt, was wir uns wünschen, wofür wir uns interessieren, welche Fehler wir gemacht haben, wie wir denken, fühlen und handeln, bedeutet aufrichtig zu sein. Ja, wenn wir unsere Wahrheit aussprechen, sind wir ehrlich. Leider ist es in vielen Beziehungen so, dass Ehrlichkeit vom Partner häufig nur dann als etwas Wertvolles anerkannt wird, wenn sie für ihn erfreulich ist. Ist sie das nicht, wird man dann für die offen und ehrlich mitgeteilte Wahrheit kritisiert. Schlimmstenfalls wird man dafür beschuldigt, abgelehnt, angebrüllt etc. und paradoxerweise sogar als unehrlich, unehrenhaft und charakterschwach wahrgenommen und beschimpft. Auf eine Beziehung kann sich solch ein Umgang nur negativ auswirken!

Auf einer Skala von 1 bis 10 – wie achtsam gehen wir im Sinne dieses Wissensbausteins aktuell miteinander um?

1	2	3	4	5	6	7	8	9	10
bitte ankreuzen (1 = sehr unachtsam, 10 = sehr achtsam)									

Sind wir diesbezüglich glücklich oder sind wir gut beraten, wenn wir hier zukünftig achtsamer miteinander sind?

Beziehungswissen 29: Den anderen wegen seines Denkens, Fühlens oder Handelns auszulachen oder anderweitig zu beschämen, wirkt sich negativ auf jede Beziehung aus!

Auf einer Skala von 1 bis 10 – wie achtsam gehen wir im Sinne dieses Wissensbausteins aktuell miteinander um?

1	2	3	4	5	6	7	8	9	10
bitte ankreuzen (1 = sehr unachtsam, 10 = sehr achtsam)									

Sind wir diesbezüglich glücklich oder sind wir gut beraten, wenn wir hier zukünftig achtsamer miteinander sind?

Beziehungswissen 30: Einander Raum für eigene Interessen und Bedürfnisse zuzugestehen, wirkt sich sehr positiv auf jede Beziehung aus!

Auf einer Skala von 1 bis 10 – wie achtsam gehen wir im Sinne dieses Wissensbausteins aktuell miteinander um?

1	2	3	4	5	6	7	8	9	10
bitte ankreuzen (1 = sehr unachtsam, 10 = sehr achtsam)									

Sind wir diesbezüglich glücklich oder sind wir gut beraten, wenn wir hier zukünftig achtsamer miteinander sind?

Beziehungswissen 31: „Wenn du dies und jenes tust, dann liebst du mich nicht", „wenn du dies und jenes nicht bereit bist für mich zu tun, dann liebst du mich auch nicht! etc." Solche und ähnliche Aussagen sind Irrtümer, denen ein Mangel an Respekt, Empathie und Verständnis zugrunde liegt. Nur ein interessierter, gleichberechtigter Umgang miteinander, macht es möglich, solchen Fehlinterpretationen auf die Schliche zu kommen. Wer solche undifferenzierten Annahmen nicht entlarvt, hat es schwer, eine Beziehung zu pflegen, die von Respekt, Wertschätzung und Liebe getragen wird. Wenn der eine ein anderes Bedürfnis hat, als der andere, hat das nichts damit zu tun, wie sehr er den anderen liebt oder nicht liebt. Es ist ganz natürlich, dass Menschen unterschiedliche Befindlichkeiten, Interessen, Vorstellungen, Prioritäten etc. haben.

Auf einer Skala von 1 bis 10 – wie achtsam gehen wir im Sinne dieses Wissensbausteins aktuell miteinander um?

1	2	3	4	5	6	7	8	9	10
bitte ankreuzen (1 = sehr unachtsam, 10 = sehr achtsam)									

Sind wir diesbezüglich glücklich oder sind wir gut beraten, wenn wir hier zukünftig achtsamer miteinander sind?

Beziehungswissen 32: Offenheit und Ehrlichkeit sind zwei wichtige Grundpfeiler in glücklichen Beziehungen. Dazu ein paar Gedanken eines glücklichen Paares: „Wir wünschen uns beide, dass Ehrlichkeit und Offenheit wichtige Säulen unserer Beziehung sind. Wir wissen aber auch, dass niemand immer nur ehrlich sein kann. Manchmal ist es rücksichtslos, die Wahrheit zu sagen. In den wesentlichen Punkten unseres Zusammenlebens wünschen wir uns jedoch absolute Aufrichtigkeit. Wenn es um Belanglosigkeiten geht, können wir auch mal aus Rücksicht oder weil es einem vielleicht unangenehm wäre, schweigen. Zum Lügen sollten wir uns aber zu keiner Zeit aufgefordert fühlen müssen. Am Ende sollten wir immer die Gewissheit in uns spüren, dem anderen gegenüber offen und ehrlich sein zu können. Wenn die Wahrheit auch einmal unerfreulich oder schmerzhaft für den Partner sein sollte, so wissen wir, dass wir uns gegenseitig für die offen und ehrlich ausgesprochene Wahrheit nicht schuldig sprechen. Egal was auch passiert."

Auf einer Skala von 1 bis 10 – wie achtsam gehen wir im Sinne dieses Wissensbausteins aktuell miteinander um?

1	2	3	4	5	6	7	8	9	10
			bitte ankreuzen (1 = sehr unachtsam, 10 = sehr achtsam)						

Sind wir diesbezüglich glücklich oder sind wir gut beraten, wenn wir hier zukünftig achtsamer miteinander sind?

Beziehungswissen 33: Empathie (Einfühlungsvermögen) ist ein wichtiges, sich wechselseitig bedingendes, menschliches Grundbedürfnis. Für eine glückliche Beziehung stellt es einen wichtigen Basisbaustein dar! Jeder Mensch wünscht sich, als der Mensch, der er ist, nachvollzogen zu werden. Haben wir keine Empathie / kein Mitgefühl für die Stärken und Schwächen unseres Partners, wird er sich mit der Zeit immer weniger verstanden, gesehen und geliebt fühlen. Zweisamkeit, Harmonie und Liebe können darunter nur leiden!

Auf einer Skala von 1 bis 10 – wie achtsam gehen wir im Sinne dieses Wissensbausteins aktuell miteinander um?

1	2	3	4	5	6	7	8	9	10

bitte ankreuzen (1 = sehr unachtsam, 10 = sehr achtsam)

Sind wir diesbezüglich glücklich oder sind wir gut beraten, wenn wir hier zukünftig achtsamer miteinander sind?

Beziehungswissen 34: Wenn Paare miteinander streiten, kann es mitunter ziemlich verletzend zugehen. Doch keiner von beiden hat in Wahrheit ein Interesse daran, dem anderen wehzutun. Wir alle handeln immer aufgrund positiver Beweggründe. Wir möchten im Grunde doch nur unsere menschlichen Bedürfnisse erfüllen.

Mit einem Streit – egal wie respektlos er ist – wollen wir letztlich etwas Positives erreichen. Würde es gelingen, den Partner zu überzeugen, dann ginge es uns in der Paarbeziehung schließlich besser. Mindestens ein menschliches Bedürfnis würde dabei erfüllt werden.

Nur vergessen beide an einer Beziehung Beteiligten häufig, dass ein respektloser Streit immer auf einen Mangel an Wertschätzung, Anerkennung, Respekt, Gleichberechtigung etc. zurückzuführen ist und es viel sozialer, nutzbringender und beziehungserhaltender wäre, sich auf respektvollere Weise über die unterschiedlichen Positionen zu unterhalten.

Auf einer Skala von 1 bis 10 – wie achtsam gehen wir im Sinne dieses Wissensbausteins aktuell miteinander um?

1	2	3	4	5	6	7	8	9	10

bitte ankreuzen (1 = sehr unachtsam, 10 = sehr achtsam)

Sind wir diesbezüglich glücklich oder sind wir gut beraten, wenn wir hier zukünftig achtsamer miteinander sind?

Beziehungswissen 35: Wir sollten unseren Partner nicht respektlos kritisieren. Tun wir es doch, legen wir damit Zeugnis ab, dass wir ihn nicht als gleichberechtigt und gleichwertig anerkennen. Wir schätzen ihn dann stattdessen gering. Geringschätzung ist das Gift, mit dem man jede Beziehung zerstören kann!

Auf einer Skala von 1 bis 10 – wie achtsam gehen wir im Sinne dieses Wissensbausteins aktuell miteinander um?

1	2	3	4	5	6	7	8	9	10
bitte ankreuzen (1 = sehr unachtsam, 10 = sehr achtsam)										

Sind wir diesbezüglich glücklich oder sind wir gut beraten, wenn wir hier zukünftig achtsamer miteinander sind?

Beziehungswissen 36: Ich weiß, dass du dich nicht geliebt fühlen kannst, wenn ich dein Denken, Fühlen oder Handeln geringschätze!

Auf einer Skala von 1 bis 10 – wie achtsam gehen wir im Sinne dieses Wissensbausteins aktuell miteinander um?

1	2	3	4	5	6	7	8	9	10
bitte ankreuzen (1 = sehr unachtsam, 10 = sehr achtsam)										

Sind wir diesbezüglich glücklich oder sind wir gut beraten, wenn wir hier zukünftig achtsamer miteinander sind?

Beziehungswissen 37: In einer harmonischen Beziehung in der sich beide Beteiligten wohl fühlen, ist es möglich, dass jeder seinen eigenen Interessen nachgehen kann. Wenn der Partner diese Interessen nicht teilt, macht das nichts. Jeder gönnt dem anderen das, was ihn interessiert und bewegt. Jeder stellt dem jeweils anderen die Freiheit zur Verfügung, eigenen Interessen nachzugehen.

Auf einer Skala von 1 bis 10 – wie achtsam gehen wir im Sinne dieses Wissensbausteins aktuell miteinander um?

1	2	3	4	5	6	7	8	9	10

bitte ankreuzen (1 = sehr unachtsam, 10 = sehr achtsam)

Sind wir diesbezüglich glücklich oder sind wir gut beraten, wenn wir hier zukünftig achtsamer miteinander sind?

Beziehungswissen 38: Sich gegenüber dem Partner zu erhöhen bzw. sich als den Besseren, Richtigeren, Wahreren, Berechtigteren, Gerechteren etc. darzustellen, wirkt sich negativ auf jede Beziehung aus!

Auf einer Skala von 1 bis 10 – wie achtsam gehen wir im Sinne dieses Wissensbausteins aktuell miteinander um?

1	2	3	4	5	6	7	8	9	10

bitte ankreuzen (1 = sehr unachtsam, 10 = sehr achtsam)

Sind wir diesbezüglich glücklich oder sind wir gut beraten, wenn wir hier zukünftig achtsamer miteinander sind?

Beziehungswissen 39: Wir haben häufig hohe Ansprüche an unseren Partner. Viel weniger ist uns hingegen bewusst, dass wir dann auch fairerweise gleichermaßen viel geben müssten. Stattdessen denken wir irrtümlich, wir seien so besonders, dass der Partner doch mit uns mehr als zufrieden sein kann. Schließlich halten wir uns selbst ja für gerecht, ehrbar, korrekt, fair und wertvoll! Unsere an den Partner gestellten Ansprüche halten wir zudem für absolut richtig, berechtigt, fair, ehrenwert und selbstverständlich! Tatsächlich sind sie das aber in weiten Teilen nur aus unserer eigenen Sicht!

Auf einer Skala von 1 bis 10 – wie achtsam gehen wir im Sinne dieses Wissensbausteins aktuell miteinander um?

1	2	3	4	5	6	7	8	9	10
bitte ankreuzen (1 = sehr unachtsam, 10 = sehr achtsam)									

Sind wir diesbezüglich glücklich oder sind wir gut beraten, wenn wir hier zukünftig achtsamer miteinander sind?

Beziehungswissen 40: Schon ein paar ganz wenige Worte der Anerkennung und kleinste Gesten der Zuneigung wirken wahre Wunder in jeder Partnerschaft.

Auf einer Skala von 1 bis 10 – wie achtsam gehen wir im Sinne dieses Wissensbausteins aktuell miteinander um?

1	2	3	4	5	6	7	8	9	10
bitte ankreuzen (1 = sehr unachtsam, 10 = sehr achtsam)									

Sind wir diesbezüglich glücklich oder sind wir gut beraten, wenn wir hier zukünftig achtsamer miteinander sind?

Beziehungswissen 41: Die Basis einer unglücklichen Beziehung ist ein Mangel an Wertschätzung, Anerkennung, Respekt, Empathie, Gleichberechtigung, Interesse etc.

Auf einer Skala von 1 bis 10 – wie achtsam gehen wir im Sinne dieses Wissensbausteins aktuell miteinander um?

1	2	3	4	5	6	7	8	9	10
bitte ankreuzen (1 = sehr unachtsam, 10 = sehr achtsam)									

Sind wir diesbezüglich glücklich oder sind wir gut beraten, wenn wir hier zukünftig achtsamer miteinander sind?

Beziehungswissen 42: Wegen unterschiedlicher Meinungen und Interessen ist es unvermeidlich, dass es in einer Beziehung auch mal zu Streitigkeiten kommt. Nicht immer ist man dann gerade so ausgeglichen, dass es gelingt, in einem guten Tonfall, sachlich und einander zugewandt darüber zu reden. Es kann durchaus auch schon mal etwas heftiger zugehen. Das sollte eine stabile Beziehung nicht wirklich erschüttern. Es ist aber immer gut, wenn beiden klar ist, dass am Ende eine Lösung gefunden werden sollte, die von beiden auf Dauer akzeptiert werden kann. Andernfalls gerät man wegen der gleichen Angelegenheit immer wieder neu in Streit. Das ist absolut unnötig, überflüssig und schadet der Beziehung ganz enorm. Doch was sind dauerhafte Lösungen?

Möglichkeit 1: Man findet einen Kompromiss, für den beide wirklich bereit sind und den man auf Dauer oder zumindest längerfristig akzeptiert.

Möglichkeit 2: Man findet keinen Kompromiss, weil keiner von beiden von seinem Standpunkt abweichen will. Es ist dann wichtig, zu akzeptieren, dass es so ist wie es ist. Der eine will dies, der andere das. Das ist ganz normal und kann daher vorkommen. Es ist so und es wird vermutlich auch so bleiben. Ein erneutes Thematisieren würde von Mal zu Mal immer nervenaufreibender werden. Die Beziehung leidet dann immer mehr und mehr darunter, obwohl es immer nur um dasselbe Thema geht, zu dem jeder seine Meinung hat. Es reicht also völlig aus, sich einmal darüber zu streiten. Jedes weitere Mal ist vergeudete Energie und Zeit sowie ein Zeugnis dafür, dass man den jeweils anderen nicht so respektiert, wie er ist und sein möchte.

Auf einer Skala von 1 bis 10 – wie achtsam gehen wir im Sinne dieses Wissensbausteins aktuell miteinander um?

1	2	3	4	5	6	7	8	9	10
bitte ankreuzen (1 = sehr unachtsam, 10 = sehr achtsam)									

Sind wir diesbezüglich glücklich oder sind wir gut beraten, wenn wir hier zukünftig achtsamer miteinander sind?

Beziehungswissen 43: Geliebt und glücklich fühlen wir uns dann, wenn unser Partner uns innerhalb des Rahmens unserer Beziehung den Raum zugesteht, den wir brauchen, um uns frei entfalten und entwickeln zu können. Andernfalls fühlen wir uns in seiner Anwesenheit blockiert bzw. an unserem Leben gehindert!

Auf einer Skala von 1 bis 10 – wie achtsam gehen wir im Sinne dieses Wissensbausteins aktuell miteinander um?

1	2	3	4	5	6	7	8	9	10
bitte ankreuzen (1 = sehr unachtsam, 10 = sehr achtsam)									

Sind wir diesbezüglich glücklich oder sind wir gut beraten, wenn wir hier zukünftig achtsamer miteinander sind?

Beziehungswissen 44: Dem anderen nicht böse zu sein, wenn er auf eine Bitte nicht eingehen kann oder mag, sondern ihn dann in seiner Entscheidung zu respektieren, ist ein Zeichen von sozialer Kompetenz! Dies wirkt sich positiv auf jede Beziehung aus!

Auf einer Skala von 1 bis 10 – wie achtsam gehen wir im Sinne dieses Wissensbausteins aktuell miteinander um?

1	2	3	4	5	6	7	8	9	10
bitte ankreuzen (1 = sehr unachtsam, 10 = sehr achtsam)									

Sind wir diesbezüglich glücklich oder sind wir gut beraten, wenn wir hier zukünftig achtsamer miteinander sind?

Beziehungswissen 45: Grundlegend für die glückliche Beziehung ist eine einander wertschätzende Kommunikation! Jeder glaubt, seine Sicht sei richtig und gerechtfertigt. In der wertschätzenden Kommunikation geht es darum, ein Bewusstsein für die „Brille" zu schaffen. Ein Bewusstsein dafür, dass jeder Mensch durch seine eigene Wahrnehmungsbrille denkt, fühlt und handelt. Ein

Bewusstsein dafür, dass die Brille eines anderen für ihn genauso bedeutsam und berechtigt scheint, wie unsere eigene Brille für uns selbst auch. Zwei Menschen, die in einer glücklichen Beziehung zusammenleben, respektieren die Brille des jeweils anderen!

Auf einer Skala von 1 bis 10 – wie achtsam gehen wir im Sinne dieses Wissensbausteins aktuell miteinander um?

1	2	3	4	5	6	7	8	9	10
bitte ankreuzen (1 = sehr unachtsam, 10 = sehr achtsam)

Sind wir diesbezüglich glücklich oder sind wir gut beraten, wenn wir hier zukünftig achtsamer miteinander sind?

Beziehungswissen 46: Manchmal ist es ärgerlich, wenn der Partner etwas nicht genauso sieht oder will, wie man selbst. Manchmal kann der Ärger darüber sogar so groß sein, dass es richtig wehtut. Jedoch, wenn wir uns gegenseitig als gleichberechtigten, autonomen Menschen respektieren, wertschätzen und anerkennen, kommen wir nicht umhin, zu erkennen, dass der Ärger nicht dem Partner angelastet werden kann, sondern dass er viel mehr etwas mit unseren eigenen unerfüllten Bedürfnissen zu tun hat. Für diese ist der Partner nicht verantwortlich. Das Konto, auf das der Ärger gehört, heißt: „Es-ist-im-Leben-nicht-immer-alles-so-wie-man-es-gerne-hätte" oder „Dass-wir-unterschiedlich-sind-ist-normal-daran-trägt-keiner-von-uns-beiden-mehr-oder-weniger-Verantwortung-als-der-andere".

Auf einer Skala von 1 bis 10 – wie achtsam gehen wir im Sinne dieses Wissensbausteins aktuell miteinander um?

1	2	3	4	5	6	7	8	9	10
bitte ankreuzen (1 = sehr unachtsam, 10 = sehr achtsam)

Sind wir diesbezüglich glücklich oder sind wir gut beraten, wenn wir hier zukünftig achtsamer miteinander sind?

Beziehungswissen 47: Vergebung bringt Heilung! Jeder kann mal etwas falsch machen! Man kann sich glücklich schätzen, wenn man dann einen Partner hat, der dafür Verständnis aufbringen kann und in der Lage ist, Fehler zu verzeihen. Vergebung sollte jedoch von Herzen kommen. Andernfalls schmiert man die angeblich verziehene Sache dem anderen bei der nächsten Gelegenheit wieder aufs Brot! Verzeihen heißt, es ehrlich zu meinen und es auch tatsächlich zu tun!

Auf einer Skala von 1 bis 10 – wie achtsam gehen wir im Sinne dieses Wissensbausteins aktuell miteinander um?

1	2	3	4	5	6	7	8	9	10
bitte ankreuzen (1 = sehr unachtsam, 10 = sehr achtsam)									

Sind wir diesbezüglich glücklich oder sind wir gut beraten, wenn wir hier zukünftig achtsamer miteinander sind?

Beziehungswissen 48: Unterschiedlicher Meinung zu sein, ist ganz natürlich, denn kein Mensch denkt, fühlt und handelt genauso wie ein anderer! Unterschiede sind selbstverständlich und stellen kein Problem dar. Zum Problem werden Unterschiede dann, wenn zwei Menschen weder die Bereitschaft noch die soziale Kompetenz besitzen, die Unterschiede gegenseitig anzuerkennen und als gegeben hinzunehmen.

Auf einer Skala von 1 bis 10 – wie achtsam gehen wir im Sinne dieses Wissensbausteins aktuell miteinander um?

1	2	3	4	5	6	7	8	9	10
bitte ankreuzen (1 = sehr unachtsam, 10 = sehr achtsam)									

Sind wir diesbezüglich glücklich oder sind wir gut beraten, wenn wir hier zukünftig achtsamer miteinander sind?

Beziehungswissen 49: Vertrauen sollten Sie nicht daran messen, ob Ihr Partner keine Fehler macht, sondern viel mehr daran, ob er so viel Vertrauen zu Ihnen hat, dass er – egal was auch geschieht – Ihnen seine Fehler anvertraut. Ob er das tut, hat immer auch viel damit zu tun, wie Sie selbst auf anvertraute Wahrheiten reagieren. Wenn der Partner befürchten muss, für seine anvertrauten Wahrheiten beschuldigt zu werden, ist es nicht verwunderlich, wenn er dieses Zutrauen zu Ihnen nicht in sich findet!

Auf einer Skala von 1 bis 10 – wie achtsam gehen wir im Sinne dieses Wissensbausteins aktuell miteinander um?

1	2	3	4	5	6	7	8	9	10

bitte ankreuzen (1 = sehr unachtsam, 10 = sehr achtsam)

Sind wir diesbezüglich glücklich oder sind wir gut beraten, wenn wir hier zukünftig achtsamer miteinander sind?

Beziehungswissen 50: Der Kern fast aller Beziehungsprobleme ist Geringschätzung – also ein Mangel an Respekt, Empathie, Anerkennung, Akzeptanz, Wertschätzung und anderen sich wechselseitig bedingenden menschlichen Bedürfnissen. Versuchen Sie deshalb Ihr Bestes zu geben, um Geringschätzungen in Ihrer Beziehung zu vermeiden!

Auf einer Skala von 1 bis 10 – wie achtsam gehen wir im Sinne dieses Wissensbausteins aktuell miteinander um?

1	2	3	4	5	6	7	8	9	10

bitte ankreuzen (1 = sehr unachtsam, 10 = sehr achtsam)

Sind wir diesbezüglich glücklich oder sind wir gut beraten, wenn wir hier zukünftig achtsamer miteinander sind?

Beziehungswissen 51: Da ich andere natürliche Bedürfnisse und biografische Lernerfahrungen habe als du, ist es ganz natürlich, dass wir nicht immer alles genauso sehen, fühlen und tun wie der jeweils andere. Das nicht zu respektieren oder gar deswegen zu streiten, würde unserer Beziehung schaden.

Auf einer Skala von 1 bis 10 – wie achtsam gehen wir im Sinne dieses Wissensbausteins aktuell miteinander um?

1	2	3	4	5	6	7	8	9	10
bitte ankreuzen (1 = sehr unachtsam, 10 = sehr achtsam)									

Sind wir diesbezüglich glücklich oder sind wir gut beraten, wenn wir hier zukünftig achtsamer miteinander sind?

Beziehungswissen 52: Für die Harmonie, Zweisamkeit und Liebe in einer Beziehung ist es sehr heilsam, wenn sich beide an der Beziehung Beteiligten immer wieder fragen, ob sie ihrem Partner mit genügend Gleichberechtigung begegnen.

Auf einer Skala von 1 bis 10 – wie achtsam gehen wir im Sinne dieses Wissensbausteins aktuell miteinander um?

1	2	3	4	5	6	7	8	9	10
bitte ankreuzen (1 = sehr unachtsam, 10 = sehr achtsam)									

Sind wir diesbezüglich glücklich oder sind wir gut beraten, wenn wir hier zukünftig achtsamer miteinander sind?

Beziehungswissen 53: Sich in der Öffentlichkeit als Paar zu zeigen (Gesten der Zuneigung wie Händchenhalten, sich mal einen Kuss geben, mit anderen über das gemeinsame Glück sprechen etc.), wirkt sich positiv auf eine Beziehung aus!

Auf einer Skala von 1 bis 10 – wie achtsam gehen wir im Sinne dieses Wissensbausteins aktuell miteinander um?

1	2	3	4	5	6	7	8	9	10

bitte ankreuzen (1 = sehr unachtsam, 10 = sehr achtsam)

Sind wir diesbezüglich glücklich oder sind wir gut beraten, wenn wir hier zukünftig achtsamer miteinander sind?

Beziehungswissen 54: Ich weiß, dass du dich nicht geliebt fühlen kannst, wenn ich dich kritisiere, manipuliere, bevormunde, beschuldige etc.

Auf einer Skala von 1 bis 10 – wie achtsam gehen wir im Sinne dieses Wissensbausteins aktuell miteinander um?

1	2	3	4	5	6	7	8	9	10

bitte ankreuzen (1 = sehr unachtsam, 10 = sehr achtsam)

Sind wir diesbezüglich glücklich oder sind wir gut beraten, wenn wir hier zukünftig achtsamer miteinander sind?

Beziehungswissen 55: Den anderen in Gegenwart anderer gut und liebevoll zu behandeln, wirkt sich ganz besonders positiv auf jede Beziehung aus!

Auf einer Skala von 1 bis 10 – wie achtsam gehen wir im Sinne dieses Wissensbausteins aktuell miteinander um?

1	2	3	4	5	6	7	8	9	10

bitte ankreuzen (1 = sehr unachtsam, 10 = sehr achtsam)

Sind wir diesbezüglich glücklich oder sind wir gut beraten, wenn wir hier zukünftig achtsamer miteinander sind?

Beziehungswissen 56: Ich sehe und bewerte die Welt durch meine eigene Brille (aus meiner eigenen Perspektive). Du siehst und bewertest die Welt durch deine eigene Brille (aus deiner eigenen Perspektive). Ich denke, fühle und handele so, wie ich es kann und es mir, meinen Möglichkeiten und Befindlichkeiten entspricht. Du denkst, fühlst und handelst so, wie du es kannst und es dir, deinen Möglichkeiten und Befindlichkeiten entspricht. Das ist ganz natürlich und nicht zu vermeiden! Unsere beiden Perspektiven sind gleichwertig, gleichrangig, gleichberechtigt etc.!

Auf einer Skala von 1 bis 10 – wie achtsam gehen wir im Sinne dieses Wissensbausteins aktuell miteinander um?

1	2	3	4	5	6	7	8	9	10
bitte ankreuzen (1 = sehr unachtsam, 10 = sehr achtsam)										

Sind wir diesbezüglich glücklich oder sind wir gut beraten, wenn wir hier zukünftig achtsamer miteinander sind?

Beziehungswissen 57: Die Worte „es tut mir leid", „ich möchte dich um Entschuldigung bitten", „ich glaube, du hast Recht" oder „ich sehe ein, dass ich einen Fehler gemacht habe" hört jeder Mensch gerne und sie können häufig sehr schnell ihre positive Wirkung auf die gemeinsame Beziehung entfalten!

Auf einer Skala von 1 bis 10 – wie achtsam gehen wir im Sinne dieses Wissensbausteins aktuell miteinander um?

1	2	3	4	5	6	7	8	9	10
bitte ankreuzen (1 = sehr unachtsam, 10 = sehr achtsam)										

Sind wir diesbezüglich glücklich oder sind wir gut beraten, wenn wir hier zukünftig achtsamer miteinander sind?

Beziehungswissen 58: Mit dem anderen in einem respektlosen, lauten, aggressiven oder lieblosen Tonfall zu sprechen, wirkt sich negativ auf jede Beziehung aus!

Auf einer Skala von 1 bis 10 – wie achtsam gehen wir im Sinne dieses Wissensbausteins aktuell miteinander um?

1	2	3	4	5	6	7	8	9	10
bitte ankreuzen (1 = sehr unachtsam, 10 = sehr achtsam)									

Sind wir diesbezüglich glücklich oder sind wir gut beraten, wenn wir hier zukünftig achtsamer miteinander sind?

Beziehungswissen 59: Die Natur hat jeden einzelnen Menschen mit eigenen Bedürfnissen und Interessen ausgestattet. Eine wichtige Grundlage für eine glückliche Beziehung ist, dass wir einen Partner finden, der uns nicht das Gefühl vermittelt, unsere Bedürfnisse und Interessen seien falsch, dumm, minderwertig etc.

Wir können nur dann glücklich sein, wenn wir der Mensch sein können, der wir von Natur aus und aufgrund unserer Lernerfahrungen sind und sein möchten. Werden wir für das, was wir sind und sein wollen kritisiert, beschuldigt, zurechtgewiesen etc. fühlen wir uns in der Gegenwart des Partners unwohl, blockiert, eingeengt, unglücklich und ungeliebt.

Auf einer Skala von 1 bis 10 – wie achtsam gehen wir im Sinne dieses Wissensbausteins aktuell miteinander um?

1	2	3	4	5	6	7	8	9	10
bitte ankreuzen (1 = sehr unachtsam, 10 = sehr achtsam)									

Sind wir diesbezüglich glücklich oder sind wir gut beraten, wenn wir hier zukünftig achtsamer miteinander sind?

Beziehungswissen 60: Die Fähigkeit zweier Liebenden, die unterschiedlichen Bedürfnisse nach Nähe und Distanz wechselseitig zu respektieren, ist ein wichtiger Grundpfeiler in glücklichen Beziehungen. Dazu ein paar Gedanken eines glücklichen Paares: „Wir beide wünschen uns in unserer Beziehung manchmal Nähe und manchmal brauchen wir auch etwas Distanz. Mal möchten wir gemeinsame Zeit mit dem Partner verbringen. Mal möchten wir alleine sein oder mit Freunden etwas unternehmen. Das ist ganz normal! Keiner kann sich aussuchen, wann er Nähe braucht und wann Distanz. Man kann nur in sich hineinspüren und feststellen, was man gerade braucht. Es ist für unsere Beziehung sehr heilsam, wenn wir das Bedürfnis des jeweils anderen nach Nähe und Distanz respektieren können und diese Unterschiedlichkeit, die manchmal vorkommen kann, nicht fehlinterpretieren. Ein unterschiedliches Bedürfnis nach Nähe und Distanz hat nichts mit Ablehnung oder mangelnder Liebe zu tun!"

Auf einer Skala von 1 bis 10 – wie achtsam gehen wir im Sinne dieses Wissensbausteins aktuell miteinander um?

1	2	3	4	5	6	7	8	9	10

bitte ankreuzen (1 = sehr unachtsam, 10 = sehr achtsam)

Sind wir diesbezüglich glücklich oder sind wir gut beraten, wenn wir hier zukünftig achtsamer miteinander sind?

Beziehungswissen 61: Jede Beziehung braucht Schutz. Ein Aspekt dieses Schutzes ist: sich darüber bewusst zu sein, was einem die Beziehung bedeutet. Wer die Schätze der eigenen Paarbeziehung kennt (gemeinsam Erreichtes, Erlebtes, Durchlebtes, Überstandenes, Gemeistertes, Aufgebautes etc.), weiß auch, was ihm die Beziehung wert ist und was man alles verlieren würde, wenn man das gemeinsame Glück – durch was auch immer – in Frage stellt oder aufs Spiel setzt. Wer die Schätze der Beziehung wertschätzt, schützt damit das gemeinsame Glück!

Auf einer Skala von 1 bis 10 – wie achtsam gehen wir im Sinne dieses Wissensbausteins aktuell miteinander um?

1	2	3	4	5	6	7	8	9	10
bitte ankreuzen (1 = sehr unachtsam, 10 = sehr achtsam)									

Sind wir diesbezüglich glücklich oder sind wir gut beraten, wenn wir hier zukünftig achtsamer miteinander sind?

Beziehungswissen 62: Gefühle sind schneller als Gedanken! Wenn wir uns z.B. ärgern, weil der Partner nicht so handelt, wie wir es uns wünschen, lässt uns das Gefühl des Ärgers schnell zu der Überzeugung kommen, der Partner hätte falsch gehandelt und er sei schuld an unserem Ärger. Tatsächlich kommen wir aber nur zu diesem vorschnellen Urteil, weil wir unser Gefühl nicht hinterfragen. Wenn wir uns ärgern, hat das etwas mit unseren unerfüllten Bedürfnissen zu tun. Unser Partner ist sicher nicht verpflichtet, unsere Bedürfnisse zu erfüllen. Für deren Erfüllung sind wir selbst verantwortlich. Wir selbst fühlen uns schließlich auch nicht dazu verpflichtet, alle Bedürfnisse unseres Partners zu erfüllen. Selbst wenn wir das wollten, könnten wir es nicht. Wir können ja gar nicht immer wissen, welche Bedürfnisse er hat. Wir sind nicht schuldig, wenn wir so handeln, wie es unseren Bedürfnissen entspricht, und sich dadurch unser Partner, ohne dass wir es wollen, benachteiligt fühlt. Wenn er uns deswegen Vorwürfe macht, beweist er damit einen Mangel an Respekt vor unserer Individualität und Autonomie. Unter solch einem Mangel kann eine Beziehung nur leiden!

Auf einer Skala von 1 bis 10 – wie achtsam gehen wir im Sinne dieses Wissensbausteins aktuell miteinander um?

1	2	3	4	5	6	7	8	9	10
bitte ankreuzen (1 = sehr unachtsam, 10 = sehr achtsam)									

Sind wir diesbezüglich glücklich oder sind wir gut beraten, wenn wir hier zukünftig achtsamer miteinander sind?

Beziehungswissen 63: Immer dann, wenn wir negative Gefühle und Stimmungen in uns spüren, ist das ein Zeichen dafür, dass mindestens eines unserer menschlichen Bedürfnisse nicht erfüllt ist. Erfüllte Bedürfnisse bescheren angenehme Gefühle. Unerfüllte Bedürfnisse bescheren unangenehme Gefühle. Irrtümlich gehen wir oft davon aus, unser Partner sei schuld, wenn wir uns schlecht fühlen. Beispielsweise wenn er etwas sagt, denkt, fühlt oder tut, was uns nicht gefällt. Er erfüllt dann nicht unsere Bedürfnisse, was unangenehme Gefühle in uns wachruft. Tatsächlich ist der Partner aber nur der Auslöser unserer negativen Stimmung. Er kann nichts dafür, welche Bedürfnisse, Erwartungen und Ansprüche wir an ihn haben. Für deren Erfüllung sind wir selbst verantwortlich!

Auf einer Skala von 1 bis 10 – wie achtsam gehen wir im Sinne dieses Wissensbausteins aktuell miteinander um?

1	2	3	4	5	6	7	8	9	10
bitte ankreuzen (1 = sehr unachtsam, 10 = sehr achtsam)										

Sind wir diesbezüglich glücklich oder sind wir gut beraten, wenn wir hier zukünftig achtsamer miteinander sind?

Beziehungswissen 64: Eine Beziehung braucht solange Pflege und Zuwendung, wie sie besteht. Eine Beziehung ist immer auch stetige Entwicklung und Weiterentwicklung – von jedem einzelnen selbst und vom gemeinsamen WIR.

Auf einer Skala von 1 bis 10 – wie achtsam gehen wir im Sinne dieses Wissensbausteins aktuell miteinander um?

1	2	3	4	5	6	7	8	9	10
bitte ankreuzen (1 = sehr unachtsam, 10 = sehr achtsam)										

Sind wir diesbezüglich glücklich oder sind wir gut beraten, wenn wir hier zukünftig achtsamer miteinander sind?

Beziehungswissen 65: Wenn wir mit dem Partner streiten, haben wir dafür immer einen positiven Grund. Wir möchten etwas – aus unserer Sicht – Positives erreichen. Wir handeln nicht aus böser Absicht, auch wenn wir den anderen dabei verletzen. Haben Sie kürzlich mit Ihrem Partner gestritten? Wenn ja, denken Sie einmal darüber nach, welche Positive Absicht Sie hatten! Es ging Ihnen nicht darum, ihn zu verärgern oder zu verletzen, sondern darum, ein Bedürfnis zu erfüllen. Psychologisch betrachtet ist Bedürfniserfüllung immer etwas Positives. Für einen anderen, der anders denkt, fühlt oder handelt, kann sich das durchaus negativ auswirken.

Auf einer Skala von 1 bis 10 – wie achtsam gehen wir im Sinne dieses Wissensbausteins aktuell miteinander um?

1	2	3	4	5	6	7	8	9	10

bitte ankreuzen (1 = sehr unachtsam, 10 = sehr achtsam)

Sind wir diesbezüglich glücklich oder sind wir gut beraten, wenn wir hier zukünftig achtsamer miteinander sind?

Beziehungswissen 66: Den anderen um Entschuldigung zu bitten, zu sagen, „es tut mir leid!" oder „es war nicht so gemeint", wirkt sich positiv auf jede Beziehung aus!

Auf einer Skala von 1 bis 10 – wie achtsam gehen wir im Sinne dieses Wissensbausteins aktuell miteinander um?

1	2	3	4	5	6	7	8	9	10

bitte ankreuzen (1 = sehr unachtsam, 10 = sehr achtsam)

Sind wir diesbezüglich glücklich oder sind wir gut beraten, wenn wir hier zukünftig achtsamer miteinander sind?

Beziehungswissen 67: Es ist schön, wenn wir einen Partner haben, der im Großen und Ganzen für uns da ist und uns zuliebe auch immer wieder gerne mal dazu bereit ist, unseren Bitten und Wünschen entgegenzukommen bzw. uns einen Gefallen zu tun.

Da der Partner aber ein eigenständiger Mensch ist, der sich in seinem Denken, Fühlen und Handeln zu uns selbst unterscheidet, kann es jedoch durchaus auch immer wieder geschehen, dass es Situationen gibt, in denen er diese Bereitschaft nicht in sich findet.

Niemand kann immer und ausnahmslos für den anderen da sein bzw. immer und ausnahmslos „ja sagen" zu dessen Bitten und Wünschen! Jeder sollte auch „nein sagen" können und dürfen, ohne dass der Partner das als Ablehnung versteht oder als Zeichen mangelnder Liebe. Ein gesundes Maß an Selbstfürsorge, dass am besten beide Partner zu möglichst gleichen Teilen für sich selbst beanspruchen und zugleich dem jeweils anderen zugestehen, ist ein Zeichen für Sozialkompetenz und Eigenverantwortlichkeit. Das wirkt sich positiv und friedenstiftend auf eine Beziehung aus.

Auf einer Skala von 1 bis 10 – wie achtsam gehen wir im Sinne dieses Wissensbausteins aktuell miteinander um?

1	2	3	4	5	6	7	8	9	10

bitte ankreuzen (1 = sehr unachtsam, 10 = sehr achtsam)

Sind wir diesbezüglich glücklich oder sind wir gut beraten, wenn wir hier zukünftig achtsamer miteinander sind?

Beziehungswissen 68: Wenn ich Weiß will und du Schwarz, dann ist es für unser gemeinsames Wohlbefinden gut, wenn wir versuchen die unterschiedlichen Positionen unter einen Hut zu bringen. Falls das nicht möglich ist, mag das zwar ärgerlich oder manchmal vielleicht sogar schmerzhaft für den jeweils anderen sein, aber keiner von uns beiden ist an diesem Unterschied mehr oder weniger beteiligt als der andere. Keiner kann den anderen dafür beschuldigen oder sonst wie kritisieren.

Auf einer Skala von 1 bis 10 – wie achtsam gehen wir im Sinne dieses Wissensbausteins aktuell miteinander um?

1	2	3	4	5	6	7	8	9	10
bitte ankreuzen (1 = sehr unachtsam, 10 = sehr achtsam)									

Sind wir diesbezüglich glücklich oder sind wir gut beraten, wenn wir hier zukünftig achtsamer miteinander sind?

Beziehungswissen 69: Grundlegend für unser gemeinsames Glück ist, dass wir uns gegenseitig zugestehen, individuell und autonom zu sein. Du bist nicht ich! Ich bin nicht du! Und das ist in Ordnung! Wir beide können durchaus eigene Prioritäten, Sichtweisen und Wertvorstellungen etc. haben. Daran ist nichts falsch. Meine Belange sind für mich genauso wichtig und bedeutend, wie deine Belange für dich wichtig und bedeutend sind. Wir gestehen uns gegenseitig unsere Unterschiedlichkeiten zu. Wir missionieren einander nicht!

Wenn wir Unterschiede im Denken, Fühlen und Handeln aneinander feststellen, streiten wir über diese nicht respektlos. Wir geben einander deswegen nicht das Gefühl, der jeweils andere sei dumm, im Unrecht oder er müsse doch genauso denken, fühlen und handeln wie wir selbst. Wir wissen, wir würden einander ansonsten das Gefühl geben, nicht als der Mensch anerkannt, respektiert, geachtet und wertgeschätzt zu werden, der wir sind. Geliebt können wir uns dann nicht fühlen.

Auf einer Skala von 1 bis 10 – wie achtsam gehen wir im Sinne dieses Wissensbausteins aktuell miteinander um?

1	2	3	4	5	6	7	8	9	10
bitte ankreuzen (1 = sehr unachtsam, 10 = sehr achtsam)									

Sind wir diesbezüglich glücklich oder sind wir gut beraten, wenn wir hier zukünftig achtsamer miteinander sind?

Beziehungswissen 70: Grundlegend für eine glückliche Beziehung ist eine wertschätzende Kommunikation! Eine Meinungsverschiedenheit ist noch lange kein Konflikt. Erst wenn man sich der Meinungsverschiedenheit nicht mehr konstruktiv zuwendet, und es beim gemeinsamen Umgang an Respekt mangelt, kann man von einem Konflikt sprechen.

Auf einer Skala von 1 bis 10 – wie achtsam gehen wir im Sinne dieses Wissensbausteins aktuell miteinander um?

1	2	3	4	5	6	7	8	9	10
bitte ankreuzen (1 = sehr unachtsam, 10 = sehr achtsam)									

Sind wir diesbezüglich glücklich oder sind wir gut beraten, wenn wir hier zukünftig achtsamer miteinander sind?

Beziehungswissen 71: Gleichberechtigung ist ein wichtiges, sich wechselseitig bedingendes, menschliches Grundbedürfnis. Für eine glückliche Beziehung stellt es einen wichtigen Basisbaustein dar! Jeder Mensch wünscht sich, dass er von seinem Partner als gleichberechtigt anerkannt und nicht von oben herab behandelt wird. Schätzen wir die Belange des Partners geringer als unsere eigenen und lassen wir das den Partner spüren, kann dieser sich nicht gesehen, geachtet und geliebt fühlen. Zweisamkeit, Harmonie und Liebe können dabei nur Schaden nehmen.

Auf einer Skala von 1 bis 10 – wie achtsam gehen wir im Sinne dieses Wissensbausteins aktuell miteinander um?

1	2	3	4	5	6	7	8	9	10
bitte ankreuzen (1 = sehr unachtsam, 10 = sehr achtsam)									

Sind wir diesbezüglich glücklich oder sind wir gut beraten, wenn wir hier zukünftig achtsamer miteinander sind?

Beziehungswissen 72: Geringschätzung ist ein gefährliches Gift für jede Beziehung. Vermutlich ist es sogar das aller gefährlichste Beziehungsgift. Wenn wir uns das einmal vergegenwärtigen, fallen uns dann Situationen ein, in denen wir nicht genug Wertschätzung für unseren Partner hatten? Es wirkt sich sehr positiv auf unsere Beziehung aus, wenn wir Geringschätzungen vermeiden!

Auf einer Skala von 1 bis 10 – wie achtsam gehen wir im Sinne dieses Wissensbausteins aktuell miteinander um?

1	2	3	4	5	6	7	8	9	10

bitte ankreuzen (1 = sehr unachtsam, 10 = sehr achtsam)

Sind wir diesbezüglich glücklich oder sind wir gut beraten, wenn wir hier zukünftig achtsamer miteinander sind?

Beziehungswissen 73: Verstehen Sie das Denken, Fühlen und Handeln Ihres Partners vielleicht auch manchmal nicht? Aber haben Sie trotzdem genügend Sozialkompetenz und vor allem Empathie, um zu verstehen, dass wir alle jetzt und hier nicht anders sein können, als so, wie es uns jetzt und hier aufgrund unserer natürlichen und erworbenen Denk-, Gefühls- und Handlungskompetenzen gerade möglich ist und das wir es daher alle brauchen, als der Mensch anerkannt zu werden, der wir sind und sein möchten? Ansonsten fühlen wir uns nicht geliebt!

Auf einer Skala von 1 bis 10 – wie achtsam gehen wir im Sinne dieses Wissensbausteins aktuell miteinander um?

1	2	3	4	5	6	7	8	9	10

bitte ankreuzen (1 = sehr unachtsam, 10 = sehr achtsam)

Sind wir diesbezüglich glücklich oder sind wir gut beraten, wenn wir hier zukünftig achtsamer miteinander sind?

Beziehungswissen 74: Dem anderen die eigenen Erwartungen und Ansichten überzustülpen bzw. aufzuzwängen, wirkt sich negativ auf jede Beziehung aus!

Auf einer Skala von 1 bis 10 – wie achtsam gehen wir im Sinne dieses Wissensbausteins aktuell miteinander um?

1	2	3	4	5	6	7	8	9	10
bitte ankreuzen (1 = sehr unachtsam, 10 = sehr achtsam)										

Sind wir diesbezüglich glücklich oder sind wir gut beraten, wenn wir hier zukünftig achtsamer miteinander sind?

Beziehungswissen 75: Wenn zwei Menschen miteinander streiten, macht das nur Sinn, wenn beide sich nicht mehr im Zustand höchster Emotionalität befinden.

Zu einer Klärung oder Lösung findet man am ehesten, wenn man die Angelegenheit möglichst nüchtern und sachlich miteinander angeht. Wer wirklich konstruktiv und zielführend etwas miteinander klären oder lösen möchte, wartet besser ab, bis Aufregung, Wut, Verletztheit etc. abgeklungen sind!

Falls die Gemüter sich bei dem Klärungsversuch trotzdem wieder erhitzen, sollte man den Streit wieder für eine Weile unterbrechen. Solange, bis man sich wieder gesammelt hat.

Auf einer Skala von 1 bis 10 – wie achtsam gehen wir im Sinne dieses Wissensbausteins aktuell miteinander um?

1	2	3	4	5	6	7	8	9	10
bitte ankreuzen (1 = sehr unachtsam, 10 = sehr achtsam)										

Sind wir diesbezüglich glücklich oder sind wir gut beraten, wenn wir hier zukünftig achtsamer miteinander sind?

Beziehungswissen 76: Ich weiß, dass du dich nicht geliebt fühlen kannst, wenn ich dich wie mein Eigentum behandele und von dir erwarte, dass du genau so bist, wie ich es mir vorstelle.

Auf einer Skala von 1 bis 10 – wie achtsam gehen wir im Sinne dieses Wissensbausteins aktuell miteinander um?

1	2	3	4	5	6	7	8	9	10
bitte ankreuzen (1 = sehr unachtsam, 10 = sehr achtsam)

Sind wir diesbezüglich glücklich oder sind wir gut beraten, wenn wir hier zukünftig achtsamer miteinander sind?

Beziehungswissen 77: Jede Beziehung braucht Schutz. Ein Aspekt dieses Schutzes ist: beide Partner verhalten sich in der Gegenwart anderer so, dass Außenstehende erkennen können, dass sie ein Paar sind. Beispielsweise durch Gesten der Zuneigung, wie Händchenhalten, sich mal einen Kuss geben, sich mal verliebt anschauen oder mit anderen über das gemeinsame Glück sprechen etc.

Dieses Verhalten signalisiert anderen, dass man ein Paar ist, welches das gemeinsame Glück genießt und wertschätzt sowie für andere tabu ist! Beide intensivieren mit diesem Verhalten auch für sich selbst spürbar das zwischen ihnen vorhandene emotionale Band.

Auf einer Skala von 1 bis 10 – wie achtsam gehen wir im Sinne dieses Wissensbausteins aktuell miteinander um?

1	2	3	4	5	6	7	8	9	10
bitte ankreuzen (1 = sehr unachtsam, 10 = sehr achtsam)

Sind wir diesbezüglich glücklich oder sind wir gut beraten, wenn wir hier zukünftig achtsamer miteinander sind?

Beziehungswissen 78: Manchmal verhält sich der Partner nicht so, wie man es gerne hätte oder wie man es gut findet. Das mag ärgerlich sein, aber wenn man meint, das Recht zu besitzen, ihn dafür zurechtzuweisen oder ihm die eigenen Erwartungen und Ansprüche als die besseren, wichtigeren oder ehrenwerteren zu verkaufen, ist das im Grunde ein Zeichen dafür, dass man die Individualität des anderen nicht respektiert. Es ist ein gewaltsamer, respektloser Übergriff auf die Seele und Würde des anderen.

Auf einer Skala von 1 bis 10 – wie achtsam gehen wir im Sinne dieses Wissensbausteins aktuell miteinander um?

1	2	3	4	5	6	7	8	9	10
bitte ankreuzen (1 = sehr unachtsam, 10 = sehr achtsam)									

Sind wir diesbezüglich glücklich oder sind wir gut beraten, wenn wir hier zukünftig achtsamer miteinander sind?

Beziehungswissen 79: Wenn wir mit dem Partner in Streit geraten, sollten wir uns möglichst bald daran erinnern, dass wir uns für unser unterschiedliches Denken, Fühlen und Handeln im Grunde nicht schuldig sprechen können. Wir sollten uns schließlich gleichberechtigt, respektvoll und wertschätzend begegnen. Wenn wir uns nicht einigen können, ist es gut, trotzdem nach Kompromissen und Lösungen zu suchen, oder den anderen möglichst so zu nehmen, wie er ist!

Auf einer Skala von 1 bis 10 – wie achtsam gehen wir im Sinne dieses Wissensbausteins aktuell miteinander um?

1	2	3	4	5	6	7	8	9	10
bitte ankreuzen (1 = sehr unachtsam, 10 = sehr achtsam)									

Sind wir diesbezüglich glücklich oder sind wir gut beraten, wenn wir hier zukünftig achtsamer miteinander sind?

Beziehungswissen 80: Grundlegend für eine glückliche Beziehung ist eine einander wertschätzende Kommunikation! Im Streit wachsen Misstrauen und Empfindlichkeit, sodass sich unser Wahrnehmen und Denken verengt. Wir werden misstrauisch und empfindlich, wo es gar nicht angebracht ist. Bei wertschätzender Kommunikation geschieht dies kaum oder sogar überhaupt nicht.

Auf einer Skala von 1 bis 10 – wie achtsam gehen wir im Sinne dieses Wissensbausteins aktuell miteinander um?

1	2	3	4	5	6	7	8	9	10
bitte ankreuzen (1 = sehr unachtsam, 10 = sehr achtsam)										

Sind wir diesbezüglich glücklich oder sind wir gut beraten, wenn wir hier zukünftig achtsamer miteinander sind?

Beziehungswissen 81: Die Hauptproblematik, auf der alle anderen Schwierigkeiten aufbauen, ist im Kern bei fast allen Beziehungsproblemen gleich. Es mangelt den Paaren hauptsächlich an Respekt, Verständnis, Interesse, Anerkennung, Wertschätzung und Empathie für den jeweils anderen und für das gemeinsame WIR. Blättern Sie im Buch auf die Seite 124 vor und lesen Sie den Beitrag unter der Überschrift: „Von der Basis einer problembehafteten Beziehung"!

Auf einer Skala von 1 bis 10 – wie achtsam gehen wir im Sinne dieses Wissensbausteins aktuell miteinander um?

1	2	3	4	5	6	7	8	9	10
bitte ankreuzen (1 = sehr unachtsam, 10 = sehr achtsam)										

Sind wir diesbezüglich glücklich oder sind wir gut beraten, wenn wir hier zukünftig achtsamer miteinander sind?

Beziehungswissen 82: Wenn ich etwas anders sehe als mein Partner und wir uns nicht darüber einig werden, kann das für mich oder ihn oder für uns beide ärgerlich sein. Der Ärger ist aber nicht auf das „Du-bist-an-meinem-Ärger-schuld-Konto" zu buchen, sondern auf das „Dass-wir-unterschiedlich-sind-ist-ganz-normal-Konto" oder das „Es-ist-nicht-immer-alles-so-wie-man-es-gerne-hätte-Konto".

Auf einer Skala von 1 bis 10 – wie achtsam gehen wir im Sinne dieses Wissensbausteins aktuell miteinander um?

1	2	3	4	5	6	7	8	9	10
bitte ankreuzen (1 = sehr unachtsam, 10 = sehr achtsam)

Sind wir diesbezüglich glücklich oder sind wir gut beraten, wenn wir hier zukünftig achtsamer miteinander sind?

Beziehungswissen 83: Interesse ist ein wichtiges, sich wechselseitig bedingendes, menschliches Grundbedürfnis. Für eine glückliche Beziehung stellt es einen wichtigen Basisbaustein dar! Jeder Mensch wünscht sich, dass sein Gegenüber sich für ihn interessiert. Interessieren wir uns nicht dafür, wer unser Partner ist, was ihn bewegt, was er sich wünscht, woran er leidet oder warum er so ist, wie er ist, wird er sich mit der Zeit immer weniger gesehen, anerkannt und geliebt fühlen. Zweisamkeit, Harmonie und Liebe können darunter nur leiden!

Auf einer Skala von 1 bis 10 – wie achtsam gehen wir im Sinne dieses Wissensbausteins aktuell miteinander um?

1	2	3	4	5	6	7	8	9	10
bitte ankreuzen (1 = sehr unachtsam, 10 = sehr achtsam)

Sind wir diesbezüglich glücklich oder sind wir gut beraten, wenn wir hier zukünftig achtsamer miteinander sind?

Beziehungswissen 84: Für Harmonie, Zweisamkeit und Liebe ist es sehr heilsam, wenn sich beide an einer Beziehung Beteiligten immer wieder fragen, ob sie ihrem Partner mit genügend Interesse begegnen.

Auf einer Skala von 1 bis 10 – wie achtsam gehen wir im Sinne dieses Wissensbausteins aktuell miteinander um?

1	2	3	4	5	6	7	8	9	10

bitte ankreuzen (1 = sehr unachtsam, 10 = sehr achtsam)

Sind wir diesbezüglich glücklich oder sind wir gut beraten, wenn wir hier zukünftig achtsamer miteinander sind?

Beziehungswissen 85: Bei Beziehungsproblemen ist es sehr heilsam, wenn man nicht versucht zu klären, wer von beiden schuld ist. Es ist viel wichtiger und erwachsener, sich für die Ursachen zu interessieren und nach Lösungen zu suchen! Wenn sich zwei Menschen in einer Beziehung als gleichberechtigt anerkennen, gibt es niemals eine Grundlage, auf der man den jeweils anderen schuldig sprechen kann. Jeder ist gleichermaßen dazu berechtigt, seine eigenen Sichtweisen, Prioritäten, Bedürfnisse, Interessen etc. zu haben. An einem Unterschied, aus dem ein Beziehungsproblem entsteht, sind beide zu gleichen Teilen beteiligt!

Auf einer Skala von 1 bis 10 – wie achtsam gehen wir im Sinne dieses Wissensbausteins aktuell miteinander um?

1	2	3	4	5	6	7	8	9	10

bitte ankreuzen (1 = sehr unachtsam, 10 = sehr achtsam)

Sind wir diesbezüglich glücklich oder sind wir gut beraten, wenn wir hier zukünftig achtsamer miteinander sind?

Beziehungswissen 86: Blättern Sie im Buch auf die Seite 128 vor und lesen Sie den gesamten Beitrag unter der Überschrift: „Von vermeintlichen Enttäuschungen"!

Auf einer Skala von 1 bis 10 – wie achtsam gehen wir im Sinne dieses Wissensbausteins aktuell miteinander um?

1	2	3	4	5	6	7	8	9	10
bitte ankreuzen (1 = sehr unachtsam, 10 = sehr achtsam)										

Sind wir diesbezüglich glücklich oder sind wir gut beraten, wenn wir hier zukünftig achtsamer miteinander sind?

Beziehungswissen 87: Kommunikation ist ein wichtiger Grundpfeiler in glücklichen Beziehungen. Ein Paar sollte daher dazu entschlossen sein, in einem guten Sinne miteinander zu kommunizieren. Die allerwichtigsten Grundpfeiler einer Beziehung, die es uns ermöglichen, in einem guten Sinne miteinander zu kommunizieren und die wir bei allem, was wir denken, sagen, fühlen und tun, stets berücksichtigen sollten, sind: Die Bereitschaft zur uneingeschränkten Gleichberechtigung bzw. Gleichwertigkeit, die Bereitschaft zu größtmöglicher, vertrauensvoller Offenheit und Ehrlichkeit, die Bereitschaft, den jeweils anderen als den Menschen anzuerkennen, der er ist sowie die Bereitschaft, bei Differenzen nicht darum zu streiten, wer Recht hat, sondern sich die Unterschiede zuzugestehen und sich gütlich zu einigen.

Auf einer Skala von 1 bis 10 – wie achtsam gehen wir im Sinne dieses Wissensbausteins aktuell miteinander um?

1	2	3	4	5	6	7	8	9	10
bitte ankreuzen (1 = sehr unachtsam, 10 = sehr achtsam)										

Sind wir diesbezüglich glücklich oder sind wir gut beraten, wenn wir hier zukünftig achtsamer miteinander sind?

Beziehungswissen 88: Nachsichtig zu sein, wenn der Partner einmal Fehler begeht, wirkt sich positiv auf jede Beziehung aus!

Auf einer Skala von 1 bis 10 – wie achtsam gehen wir im Sinne dieses Wissensbausteins aktuell miteinander um?

1	2	3	4	5	6	7	8	9	10
bitte ankreuzen (1 = sehr unachtsam, 10 = sehr achtsam)										

Sind wir diesbezüglich glücklich oder sind wir gut beraten, wenn wir hier zukünftig achtsamer miteinander sind?

Beziehungswissen 89: Respektvoll miteinander zu reden bedeutet sachlich zu bleiben, dem anderen keine Vorwürfe zu machen und stattdessen Ich-Botschaften zu senden. Wünsche und Bedürfnisse werden als Ich-Botschaften ausgedrückt, anstatt sie als Erwartungen und Forderungen in den Raum zu stellen.

Weil damit Verantwortung für die eigenen Bedürfnisse und Gefühle übernommen wird, ist folgende Formulierung richtig: „Ich bin traurig / ich fühle mich traurig, weil ich diese Woche oft einsam war und ich aber das Bedürfnis nach Nähe hatte!"

So ist es falsch, weil damit die Verantwortung für die eigenen Bedürfnisse und Gefühle dem Partner übergestülpt werden: „Es macht mich traurig / du machst mich traurig, wenn du mich die ganze Woche alleine lässt!"

Auf einer Skala von 1 bis 10 – wie achtsam gehen wir im Sinne dieses Wissensbausteins aktuell miteinander um?

1	2	3	4	5	6	7	8	9	10
bitte ankreuzen (1 = sehr unachtsam, 10 = sehr achtsam)										

Sind wir diesbezüglich glücklich oder sind wir gut beraten, wenn wir hier zukünftig achtsamer miteinander sind?

Beziehungswissen 90: In einer glücklichen Beziehung braucht jeder auch seine eigene Privatsphäre, die er respektiert haben möchte. Es wirkt sich negativ auf Beziehungen aus, wenn auf das Bedürfnis nach Privatsphäre nicht geachtet wird. Eigene Bereiche, Tagebuch, Smartphone, Laptop etc. sollten für den jeweils anderen tabu sein. Allerdings nicht, um beziehungsrelevante Heimlichkeiten vor dem Partner verbergen zu können. Vertrauen ist hierbei Voraussetzung!

Auf einer Skala von 1 bis 10 – wie achtsam gehen wir im Sinne dieses Wissensbausteins aktuell miteinander um?

1	2	3	4	5	6	7	8	9	10
bitte ankreuzen (1 = sehr unachtsam, 10 = sehr achtsam)

Sind wir diesbezüglich glücklich oder sind wir gut beraten, wenn wir hier zukünftig achtsamer miteinander sind?

Beziehungswissen 91: Gibt es Situationen, in denen wir unseren Partner nicht ausreichend wertschätzen? Schätzen wir, was er für uns leistet oder in die Beziehung einbringt? Oder nehmen wir seine Leistungen als selbstverständlich hin?

Ist uns klar, dass ein Mangel an Anerkennung die Gefühle von Zweisamkeit, Zugehörigkeit, Harmonie und Liebe zerstört?

Auf einer Skala von 1 bis 10 – wie achtsam gehen wir im Sinne dieses Wissensbausteins aktuell miteinander um?

1	2	3	4	5	6	7	8	9	10
bitte ankreuzen (1 = sehr unachtsam, 10 = sehr achtsam)

Sind wir diesbezüglich glücklich oder sind wir gut beraten, wenn wir hier zukünftig achtsamer miteinander sind?

Beziehungswissen 92: Dem Partner wegen seines Denkens, Fühlens oder Handelns das Gefühl zu vermitteln, dumm, falsch, schlecht, etc. zu sein, wirkt sich negativ auf jede Beziehung aus!

Auf einer Skala von 1 bis 10 – wie achtsam gehen wir im Sinne dieses Wissensbausteins aktuell miteinander um?

1	2	3	4	5	6	7	8	9	10
bitte ankreuzen (1 = sehr unachtsam, 10 = sehr achtsam)									

Sind wir diesbezüglich glücklich oder sind wir gut beraten, wenn wir hier zukünftig achtsamer miteinander sind?

Beziehungswissen 93: Es ist Paaren zu empfehlen, Vertrauen nicht an Bedingungen zu knüpfen. „Wenn du jemals dies oder jenes tun solltest, dann kannst du was erleben oder dann ist Schluss!" Mit solch einer oder ähnlichen Aussagen signalisieren Sie Ihrem Partner, dass er Ihnen im Zweifelsfall nicht alles offen und ehrlich anvertrauen kann. Menschen sind aufgrund ihrer komplexen und manchmal sehr komplizierten Gefühlszustände und Denkgebäude nicht immer in der Lage, sich so zu verhalten, wie es angemessen, gut und richtig wäre oder wie der Partner es sich wünscht. Das ist einfach zutiefst menschlich! Wenn Menschen Fehler machen, ist es gut, wenn sie einen Partner haben, der für sie Verständnis aufbringen kann und ihnen nicht sofort Ärger macht oder gar das Vertrauen entzieht.

Auf einer Skala von 1 bis 10 – wie achtsam gehen wir im Sinne dieses Wissensbausteins aktuell miteinander um?

1	2	3	4	5	6	7	8	9	10
bitte ankreuzen (1 = sehr unachtsam, 10 = sehr achtsam)									

Sind wir diesbezüglich glücklich oder sind wir gut beraten, wenn wir hier zukünftig achtsamer miteinander sind?

Beziehungswissen 94: Wenn wir nicht liebevoll, respektvoll, gleichberechtigt und gewaltfrei miteinander umgehen und kommunizieren, bedeutet das, dass wir lieblos, respektlos, hierarchisch (nicht gleichberechtigt, nicht auf gleicher Augenhöhe) und gewaltsam miteinander umgehen bzw. kommunizieren.

Solch eine Art des Umgangs bzw. der Kommunikation wäre für eine Paarbeziehung in jedem Fall schädlich!

Jede Respektlosigkeit ist ein Angriff auf die Würde und die Seele des anderen. Jeder Angriff stimuliert den anderen unbewusst zu einem Gegenangriff.

Mit jedem Angriff und jedem Gegenangriff entfernen wir uns emotional von unserem Partner und es entsteht eine immer größere Mauer aus negativen Gefühlen und Gedanken zwischen uns.

Das Bild, das wir von uns selbst, dem anderen und der gemeinsamen Beziehung entwickeln, fühlt sich dann lieblos, freudlos, langweilig, blockierend und unbefriedigend an. Darum kommunizieren glückliche Paare liebevoll, respektvoll, gleichberechtigt und gewaltfrei miteinander.

Auf einer Skala von 1 bis 10 – wie achtsam gehen wir im Sinne dieses Wissensbausteins aktuell miteinander um?

1	2	3	4	5	6	7	8	9	10
bitte ankreuzen (1 = sehr unachtsam, 10 = sehr achtsam)									

Sind wir diesbezüglich glücklich oder sind wir gut beraten, wenn wir hier zukünftig achtsamer miteinander sind?

Beziehungswissen 95: Grundlegend für gemeinsames Glück ist, dass zwei Menschen miteinander über alles offen und ehrlich reden können. Wahres Vertrauen kann sich nur dann zwischen zwei Partnern entwickeln und entfalten, wenn sie sich genügend Raum für Offenheit und Ehrlichkeit zur Verfügung stellen. Wir alle haben jeweils unsere eigenen Bedürfnisse, Meinungen, Gefühle, Befindlichkeiten, Interessen, Eigenschaften, Werte, Wünsche, Begehren, Ängste, Fähigkeiten, Unfähigkeiten, Prägungen, Neigungen, Prioritäten, Stärken, Schwächen, Verletzbarkeiten, Defizite etc. Wenn wir uns gegenseitig nicht genügend Raum für absolute Offenheit und Ehrlichkeit zur Verfügung stellen, finden wir vermutlich nicht immer den Mut und die Bereitschaft in uns, uns dem anderen vertrauensvoll mitzuteilen. Wenn wir befürchten müssen, vom jeweils anderen für unser Denken, Fühlen und Handeln gerügt oder beschuldigt zu werden, wenn wir beispielsweise manchmal so sind, wie der andere es nicht nachvollziehen und auch nicht gutheißen kann, dann werden wir uns nicht zutrauen, immer offen und ehrlich zu sein. Ob wir offen und ehrlich über alles reden können, hängt also immer auch vom anderen ab. Wenn wir darauf vertrauen können, dass wir über alles reden dürfen, egal was es ist und egal was wir vielleicht falsch gemacht haben, dann finden wir auch die Bereitschaft in uns, stets einander unsere Wahrheit anzuvertrauen und zuzumuten. Wenn wir hingegen befürchten müssen, für unsere Offenheit und Ehrlichkeit beschimpft und beschuldigt zu werden, werden wir uns vor diesen Angriffen schützen wollen und die Wahrheit lieber verschweigen.

Auf einer Skala von 1 bis 10 – wie achtsam gehen wir im Sinne dieses Wissensbausteins aktuell miteinander um?

1	2	3	4	5	6	7	8	9	10
bitte ankreuzen (1 = sehr unachtsam, 10 = sehr achtsam)									

Sind wir diesbezüglich glücklich oder sind wir gut beraten, wenn wir hier zukünftig achtsamer miteinander sind?

Beziehungswissen 96: Sich gemeinsam für Gesundheit und Fitness zu interessieren, wie z.B. sich zusammen zu bewegen bzw. sich körperlich zu betätigen (Wandern, Laufen, Radfahren, Schwimmen, Tanzen, Trainieren etc.) oder gemeinsam auf die Ernährung zu achten etc. wirkt sich in der Regel sehr positiv auf die Gefühle von Verbundenheit und Zweisamkeit aus!

Auf einer Skala von 1 bis 10 – wie achtsam gehen wir im Sinne dieses Wissensbausteins aktuell miteinander um?

1	2	3	4	5	6	7	8	9	10
bitte ankreuzen (1 = sehr unachtsam, 10 = sehr achtsam)										

Sind wir diesbezüglich glücklich oder sind wir gut beraten, wenn wir hier zukünftig achtsamer miteinander sind?

Beziehungswissen 97: Nicht gegeneinander zu kämpfen, sondern miteinander zu reden; Fehler bei sich selbst zu suchen und dem anderen gegenüber einzugestehen, wirkt sich positiv auf jede Beziehung aus!

Auf einer Skala von 1 bis 10 – wie achtsam gehen wir im Sinne dieses Wissensbausteins aktuell miteinander um?

1	2	3	4	5	6	7	8	9	10
bitte ankreuzen (1 = sehr unachtsam, 10 = sehr achtsam)										

Sind wir diesbezüglich glücklich oder sind wir gut beraten, wenn wir hier zukünftig achtsamer miteinander sind?

Beziehungswissen 98: Den Partner an seiner freien Entwicklung und Entfaltung zu hindern, wirkt sich negativ auf jede Beziehung aus!

Auf einer Skala von 1 bis 10 – wie achtsam gehen wir im Sinne dieses Wissensbausteins aktuell miteinander um?

1	2	3	4	5	6	7	8	9	10
bitte ankreuzen (1 = sehr unachtsam, 10 = sehr achtsam)

Sind wir diesbezüglich glücklich oder sind wir gut beraten, wenn wir hier zukünftig achtsamer miteinander sind?

Beziehungswissen 99: Unsere Bedürfnisse können sich zu jenen des Partners unterscheiden. Wir handeln manchmal so, wie es dem anderen nicht gefällt. Aber nicht, weil wir ihn verletzen wollen, sondern weil wir nicht anders können, als nach unseren eigenen Bedürfnissen, Befindlichkeiten, Interessen und Kompetenzen zu handeln.

Alles, was wir tun, dient immer der Bedürfnisbefriedigung. Keiner von uns kann sich aussuchen, welche Bedürfnisse er in sich findet. Wir können nur in uns hineinspüren und feststellen, welche in uns sind. In einer glücklichen Beziehung sind beide Partner dazu bereit und in der Lage, einander für vorhandene Unterschiedlichkeiten nicht geringzuschätzen!

Auf einer Skala von 1 bis 10 – wie achtsam gehen wir im Sinne dieses Wissensbausteins aktuell miteinander um?

1	2	3	4	5	6	7	8	9	10
bitte ankreuzen (1 = sehr unachtsam, 10 = sehr achtsam)

Sind wir diesbezüglich glücklich oder sind wir gut beraten, wenn wir hier zukünftig achtsamer miteinander sind?

Beziehungswissen 100: Manches, was nicht relevant für die Beziehung ist, muss der Partner nicht unbedingt wissen. Aber vieles andere, was man dem Partner verheimlicht, schadet der Beziehung und zerstört Vertrauen nachhaltig. Trotzdem kommt es in Beziehungen nicht selten vor, dass es zu beziehungsrelevanten Heimlichkeiten kommt. Das liegt in den meisten Fällen daran, dass es zwischen beiden Partnern nicht genügend Raum gibt, in dem sie sich über alles offen und ehrlich unterhalten können. Am Anfang einer Beziehung denken wir nicht daran oder halten es noch nicht einmal für möglich, dass einige unserer Bedürfnisse mit der Zeit auf der Strecke bleiben könnten. Aber letztlich kann es gar nicht anders kommen. Niemand kann allen Erwartungen des anderen gerecht werden. Leider trauen wir uns dann häufig nicht, dem Partner zu sagen, dass es etwas gibt, das uns beispielsweise fehlt. Dass wir dies und das vermissen oder begehren.

Wenn es nicht genug Raum für Offenheit und Ehrlichkeit gibt, befürchten wir, für offen und ehrlich mitgeteilte Wahrheiten vom Partner kritisiert oder gar abgestraft zu werden. Dass wir das fürchten, liegt meist an den Erfahrungen, die wir mit dem Partner bereits gemacht haben. Wenn wir für unsere Ehrlichkeit schon einmal vom Partner Anfeindung und Verachtung geerntet haben, finden wir häufig nicht mehr genügend Vertrauen in uns und zu unserem Partner, ihm gegenüber alles offen und ehrlich thematisieren zu können.

Fazit: Ob wir uns einander offen und ehrlich mitteilen, hat immer auch mit dem jeweils anderen zu tun. Die Aktionen des einen stehen immer auch in Zusammenhang mit den Reaktionen des anderen. Dafür gibt es in Beziehungen sehr häufig kein oder nur wenig Bewusstsein!

Auf einer Skala von 1 bis 10 – wie achtsam gehen wir im Sinne dieses Wissensbausteins aktuell miteinander um?

1	2	3	4	5	6	7	8	9	10
bitte ankreuzen (1 = sehr unachtsam, 10 = sehr achtsam)										

Sind wir diesbezüglich glücklich oder sind wir gut beraten, wenn wir hier zukünftig achtsamer miteinander sind?

Beziehungswissen 101: WIR-Bewusstsein ist ein wichtiger Baustein in funktionierenden Beziehungen! Als glückliches Paar ist man möglichst daran interessiert, die Bedürfnisse und Interessen von beiden Beteiligten respektvoll miteinander zu vereinen.

Ein glückliches Paar respektiert und interessiert sich für beide Seiten zu gleichen Teilen und findet bei Differenzen Lösungen, die beide Positionen berücksichtigen.

Deshalb ist es gut, wenn zwei Partner sich nach innen und nach außen als Paar begreifen und sich selbst und anderen gegenüber auch als Paar auftreten! Zeigen wir beide uns und anderen, dass wir ein Paar sind?

Auf einer Skala von 1 bis 10 – wie achtsam gehen wir im Sinne dieses Wissensbausteins aktuell miteinander um?

1	2	3	4	5	6	7	8	9	10

bitte ankreuzen (1 = sehr unachtsam, 10 = sehr achtsam)

Sind wir diesbezüglich glücklich oder sind wir gut beraten, wenn wir hier zukünftig achtsamer miteinander sind?

Beziehungswissen 102: Geliebt fühlen wir uns nur dann, wenn wir das Gefühl haben, unser Partner versteht, dass es für unser Glück wichtig ist, zu unseren Interessen stehen zu können.

Auf einer Skala von 1 bis 10 – wie achtsam gehen wir im Sinne dieses Wissensbausteins aktuell miteinander um?

1	2	3	4	5	6	7	8	9	10

bitte ankreuzen (1 = sehr unachtsam, 10 = sehr achtsam)

Sind wir diesbezüglich glücklich oder sind wir gut beraten, wenn wir hier zukünftig achtsamer miteinander sind?

Beziehungswissen 103: Dem Partner immer wieder mal zu danken, wenn er etwas für einen getan hat oder wenn er einfach für einen da ist, wirkt sich positiv auf jede Beziehung aus!

Auf einer Skala von 1 bis 10 – wie achtsam gehen wir im Sinne dieses Wissensbausteins aktuell miteinander um?

1	2	3	4	5	6	7	8	9	10
bitte ankreuzen (1 = sehr unachtsam, 10 = sehr achtsam)									

Sind wir diesbezüglich glücklich oder sind wir gut beraten, wenn wir hier zukünftig achtsamer miteinander sind?

Beziehungswissen 104: Wenn der Partner anders denkt, handelt oder fühlt, als wir selbst, heißt das nicht, dass er gegen uns denkt, handelt oder fühlt. Das hat nichts mit mangelnder Liebe oder Ähnlichem zu tun. Er denkt, handelt und fühlt halt einfach nur so, wie es ihm aufgrund seiner natürlichen und erlernten Bedürfnisse, Stärken, Schwächen und momentanen Befindlichkeiten möglich ist.

Genauso, wie wir auch nicht anders können, als uns so zu verhalten, wie es unserer Natur, unseren Lernerfahrungen und Befindlichkeiten entspricht.

Auf einer Skala von 1 bis 10 – wie achtsam gehen wir im Sinne dieses Wissensbausteins aktuell miteinander um?

1	2	3	4	5	6	7	8	9	10
bitte ankreuzen (1 = sehr unachtsam, 10 = sehr achtsam)									

Sind wir diesbezüglich glücklich oder sind wir gut beraten, wenn wir hier zukünftig achtsamer miteinander sind?

Beziehungswissen 105: Ich weiß, dass du dich nicht geliebt fühlen kannst, wenn ich dir das Gefühl gebe, kein Interesse oder keine Zeit für dich zu haben.

Auf einer Skala von 1 bis 10 – wie achtsam gehen wir im Sinne dieses Wissensbausteins aktuell miteinander um?

1	2	3	4	5	6	7	8	9	10
bitte ankreuzen (1 = sehr unachtsam, 10 = sehr achtsam)									

Sind wir diesbezüglich glücklich oder sind wir gut beraten, wenn wir hier zukünftig achtsamer miteinander sind?

Beziehungswissen 106: Grundlegend für eine glückliche Beziehung ist eine wertschätzende Kommunikation! Wertschätzend zu kommunizieren bedeutet: An Probleme geht man so heran, dass sie zukunftsorientiert, beziehungserhaltend und nachhaltig gelöst werden.

Nachhaltig und zukunftsorientiert bedeutet, dass man nicht immer wieder neu über die gleichen Dinge streitet, sondern eine Lösung findet, die dauerhaft von beiden respektiert wird. Beziehungserhaltend bedeutet, dass man sich auch nach dem Streit noch versteht. Wertschätzend zu kommunizieren bedeutet: Weg von Rechthaberei, hin zu gleichberechtigtem Austausch.

Auf einer Skala von 1 bis 10 – wie achtsam gehen wir im Sinne dieses Wissensbausteins aktuell miteinander um?

1	2	3	4	5	6	7	8	9	10
bitte ankreuzen (1 = sehr unachtsam, 10 = sehr achtsam)									

Sind wir diesbezüglich glücklich oder sind wir gut beraten, wenn wir hier zukünftig achtsamer miteinander sind?

Beziehungswissen 107: Den Partner für eigene Zwecke manipulieren oder nach eigenen Vorstellungen verändern zu wollen, wirkt sich negativ auf jede Beziehung aus!

Auf einer Skala von 1 bis 10 – wie achtsam gehen wir im Sinne dieses Wissensbausteins aktuell miteinander um?

1	2	3	4	5	6	7	8	9	10
bitte ankreuzen (1 = sehr unachtsam, 10 = sehr achtsam)										

Sind wir diesbezüglich glücklich oder sind wir gut beraten, wenn wir hier zukünftig achtsamer miteinander sind?

Beziehungswissen 108: Unterschiede im Denken, Fühlen und Handeln sind häufig Auslöser für Streit. Je länger man über eine Angelegenheit streitet, umso weniger geht es bald noch um die Sache selbst. Vielmehr geht es darum, dass man sich vom jeweils anderen nicht verstanden fühlt. Verstanden zu werden, ist ein wichtiges, wechselseitiges, menschliches Bedürfnis. Bleibt es unerfüllt, beschert es uns unangenehme Gefühle.

Kommt es häufiger vor, dass dieses grundlegende Bedürfnis keine Erfüllung findet, führt das mit der Zeit zu einer immer größer werdenden emotionalen Distanz zwischen beiden an einer Beziehung Beteiligten!

Auf einer Skala von 1 bis 10 – wie achtsam gehen wir im Sinne dieses Wissensbausteins aktuell miteinander um?

1	2	3	4	5	6	7	8	9	10
bitte ankreuzen (1 = sehr unachtsam, 10 = sehr achtsam)										

Sind wir diesbezüglich glücklich oder sind wir gut beraten, wenn wir hier zukünftig achtsamer miteinander sind?

Beziehungswissen 109: Für die Liebe in einer Beziehung ist es heilsam, wenn sich beide Partner immer wieder fragen, ob sie genügend Mitgefühl füreinander aufbringen!? Insbesondere wenn man den Partner einmal nicht versteht, wirkt es sich sehr positiv auf die Beziehung aus, trotzdem Mitgefühl entwickeln zu können. „Ich verstehe dich zwar gerade nicht, aber ich sehe wie wichtig dir das ist oder wie sehr es dich beschäftigt. Ich fühle mit dir!"

Auf einer Skala von 1 bis 10 – wie achtsam gehen wir im Sinne dieses Wissensbausteins aktuell miteinander um?

1	2	3	4	5	6	7	8	9	10
bitte ankreuzen (1 = sehr unachtsam, 10 = sehr achtsam)									

Sind wir diesbezüglich glücklich oder sind wir gut beraten, wenn wir hier zukünftig achtsamer miteinander sind?

Beziehungswissen 110: Nur wer seinem Partner vertraut, kann ihm auch ohne schlechtes Gefühl die nötige Freiheit lassen, die er für sein Wohlbefinden braucht. Aber nur wer seinem Partner keinen berechtigten Grund für Misstrauen liefert, hat auch Vertrauen verdient! Vertrauenswürdig ist man dann, wenn man sich innerhalb der Beziehung an gemeinsame Vorstellungen und Abmachungen hält! Wenn Vertrauen aktiv beschädigt wird, wirkt sich das häufig extrem negativ auf eine Paarbeziehung aus. Vertrauensbrüche können schlimme seelische Wunden verursachen, die nur schwer wieder verheilen – viele heilen sogar nie ganz aus!

Auf einer Skala von 1 bis 10 – wie achtsam gehen wir im Sinne dieses Wissensbausteins aktuell miteinander um?

1	2	3	4	5	6	7	8	9	10
bitte ankreuzen (1 = sehr unachtsam, 10 = sehr achtsam)									

Sind wir diesbezüglich glücklich oder sind wir gut beraten, wenn wir hier zukünftig achtsamer miteinander sind?

Beziehungswissen 111: Jede Beziehung braucht Schutz. Ein Aspekt dieses Schutzes ist: beiden Partnern ist bewusst, es gibt auf dieser Welt auch noch andere Menschen, die man – neben dem eigenen Partner – erotisch interessant finden kann. Nicht weil man ein charakterloser oder schlechter Partner ist, sondern weil alle Menschen sexuelle Wesen sind, die Augen im Kopf haben! Das ist ganz natürlich und nicht zu vermeiden.

Beiden Partnern sollte also klar sein, dass die eigene Paarbeziehung gegen potenzielle „Gefahren" von außen bewusst geschützt werden muss. Das heißt, gegen einen kleinen Flirt oder Ähnliches ist vielleicht nichts einzuwenden, aber spätestens wenn man sich für einen Außenstehenden mehr interessiert, als es der Beziehung zuträglich ist, sollte man die Reißleine ziehen, sich zurückziehen und sich auf den Wert und den Schutz der eigenen Beziehung besinnen. Wer zu sehr mit dem Feuer spielt, gefährdet die Beziehung!

Auf einer Skala von 1 bis 10 – wie achtsam gehen wir im Sinne dieses Wissensbausteins aktuell miteinander um?

1	2	3	4	5	6	7	8	9	10

bitte ankreuzen (1 = sehr unachtsam, 10 = sehr achtsam)

Sind wir diesbezüglich glücklich oder sind wir gut beraten, wenn wir hier zukünftig achtsamer miteinander sind?

Beziehungswissen 112: Vertrauen ist ein wichtiger Grundpfeiler in Beziehungen. Dazu nachfolgend ein paar Gedanken eines glücklichen Paares:

„Wir beide vertrauen einander. Uns ist bewusst, niemand kann stets so sein, wie der Partner sich das vorstellt. Auch Fehler kann jeder manchmal machen.

Wo Offenheit und Ehrlichkeit zu Anschuldigung, Bestrafung, Zank und Streit führen, ist im Grunde von vornherein kein wahres

Vertrauen vorhanden. Wenn man nicht darauf vertrauen kann, dass man dem Partner die Wahrheit anvertrauen darf, fühlt man sich unter Umständen dazu gezwungen, die Wahrheit für sich zu behalten. Zwischen uns herrscht deshalb so viel Vertrauen, dass wir uns jederzeit offen und ehrlich einander mitteilen können!"

Auf einer Skala von 1 bis 10 – wie achtsam gehen wir im Sinne dieses Wissensbausteins aktuell miteinander um?

1	2	3	4	5	6	7	8	9	10
bitte ankreuzen (1 = sehr unachtsam, 10 = sehr achtsam)

Sind wir diesbezüglich glücklich oder sind wir gut beraten, wenn wir hier zukünftig achtsamer miteinander sind?

Beziehungswissen 113: Wenn unser Partner etwas tut, was uns nicht gefällt, muss das noch lange nicht bedeuten, dass er uns nicht mag oder uns geringschätzt – selbst dann nicht, wenn wir wissen, dass er weiß, dass uns das, was er tut, nicht gefällt.

Aber wenn wir ihn für sein Handeln kritisieren, ihm Vorwürfe machen oder ihn schuldig sprechen, dann schätzen wir ihn gering. Wir anerkennen dann schließlich nicht, wer er ist! Wir betrachten ihn nicht als gleichberechtigtes Gegenüber!

Auf einer Skala von 1 bis 10 – wie achtsam gehen wir im Sinne dieses Wissensbausteins aktuell miteinander um?

1	2	3	4	5	6	7	8	9	10
bitte ankreuzen (1 = sehr unachtsam, 10 = sehr achtsam)

Sind wir diesbezüglich glücklich oder sind wir gut beraten, wenn wir hier zukünftig achtsamer miteinander sind?

Beziehungswissen 114: In einer Beziehung machen sich beide Partner ein Bild vom jeweils anderen, das viel mehr der eigenen subjektiven Wahrnehmung entspricht als der Realität. So haben wir ein Bild von unserem Partner, das ein ganz anderes ist, als jenes, das dieser von sich selbst hat. Wenn wir ihm davon berichten, welches Bild wir von ihm haben, fühlt er sich von uns oft gar nicht erkannt, gesehen und als die Person wertgeschätzt, die er in Wahrheit ist oder besser gesagt, für die er sich hält! Das Bild, das er von sich selbst hat, entspringt schließlich auch nur der eigenen subjektiven Wahrnehmung. Das spielt aber keine Rolle! Die Bilder, die wir voneinander haben, drücken wir dem Partner gegenüber leider oft in respektlosen Diagnosen aus, wie z.B. den folgenden: Verallgemeinernde Diagnosen: „Du bist <u>immer</u> so und so!", „<u>Immer</u> machst du alles anders als ich es tue!" etc. Prophezeiende Diagnosen: „Ich weiß doch, dass du morgen Abend <u>sowieso wieder</u> zu spät zu unserer Verabredung kommen wirst!", „Du wirst dich <u>sowieso nie</u> verändern!" etc. Verachtende Diagnosen: „Du willst dich für den Job im Fitness-Studio bewerben? Dafür bist du doch viel zu dick!", „Du kannst doch die Spüle nicht selbst reparieren, du bist doch in so was völlig ungeschickt!" etc. Interpretierende Diagnosen: „Du brauchst dich gar nicht rauszureden, ich weiß doch, wie du das gemeint hast", „Ich weiß doch, dass du nur deswegen lieb zu mir bist, weil du ein schlechtes Gewissen hast!" Verletzende Diagnosen: „Du kannst das doch nicht, du bist dafür einfach zu blöde!", „Du glaubst doch selbst nicht, dass du es dieses Mal schaffst, drei Kilo abzunehmen, so willensschwach wie du bist!" Wertschätzung, Respekt und Anerkennung sehen anders aus! Die Gefühle der Zweisamkeit, Verbundenheit und Liebe gehen bei solch einem unachtsamen Umgang immer mehr verloren!

Auf einer Skala von 1 bis 10 – wie achtsam gehen wir im Sinne dieses Wissensbausteins aktuell miteinander um?

1	2	3	4	5	6	7	8	9	10
bitte ankreuzen (1 = sehr unachtsam, 10 = sehr achtsam)										

Sind wir diesbezüglich glücklich oder sind wir gut beraten, wenn wir hier zukünftig achtsamer miteinander sind?

Beziehungswissen 115: Wenn wir uns vom Partner bevormundet, beschuldigt, manipuliert oder sonst wie geringgeschätzt fühlen, beschädigt das das gemeinsame Glück. Der eine meint dann, er habe das Recht, dem anderen in dessen Leben hineinzuregieren. Der Partner fühlt sich durch solch einen gewaltsamen Übergriff weder respektiert, noch anerkannt oder als gleichberechtigtes Gegenüber wertgeschätzt.

Auf einer Skala von 1 bis 10 – wie achtsam gehen wir im Sinne dieses Wissensbausteins aktuell miteinander um?

1	2	3	4	5	6	7	8	9	10
bitte ankreuzen (1 = sehr unachtsam, 10 = sehr achtsam)									

Sind wir diesbezüglich glücklich oder sind wir gut beraten, wenn wir hier zukünftig achtsamer miteinander sind?

Beziehungswissen 116: Meine Bedürfnisse, Meinungen, Gefühle, Befindlichkeiten, Interessen, Werte, Wünsche, Begehren, Ängste, Fähigkeiten, Unfähigkeiten, Prägungen, Neigungen, Talente, Eigenschaften, Prioritäten, Stärken, Schwächen, Verletzbarkeiten, Defizite etc. sind für mich genauso wichtig und bedeutend, wie deine es für dich sind. In einer glücklichen Beziehung sind beide Partner dazu bereit und in der Lage, das zu respektieren und einander gleichberechtigt zu begegnen!

Auf einer Skala von 1 bis 10 – wie achtsam gehen wir im Sinne dieses Wissensbausteins aktuell miteinander um?

1	2	3	4	5	6	7	8	9	10
bitte ankreuzen (1 = sehr unachtsam, 10 = sehr achtsam)									

Sind wir diesbezüglich glücklich oder sind wir gut beraten, wenn wir hier zukünftig achtsamer miteinander sind?

Beziehungswissen 117: In vielen Beziehungen ist es so, dass jeder von sich selbst denkt, er selbst sei derjenige, der mehr an Engagement oder Leistung in die Beziehung einbringt, als der andere es tut. Das liegt daran, dass jeder vollumfänglich weiß und mitbekommt, was er selbst alles leistet und wie viel Kraft ihn das kostet. Was der andere tut und wie viel Kraft ihn das kostet, weiß man niemals vollumfänglich. Es erscheint einem dann so, als sei dessen Leistung geringer als die eigene. Vielleicht kümmert sich der eine tatsächlich viel mehr um den Haushalt als der andere. Dafür geht der andere vielleicht viel mehr arbeiten. Beide bringen damit ihren Anteil in die Beziehung ein.

Viele, die beruflich arbeiten, meinen, Hausarbeit sei nicht besonders anstrengend oder wertvoll. Umgekehrt sieht jener, der die ganze Hausarbeit allein erledigt häufig nur, dass der berufstätige Partner wenig zu Hause ist und erkennt ebenso wenig den Wert, den dieser damit in die Beziehung einbringt. Wer die Leistung des Partners geringschätzt, schadet damit der gemeinsamen Beziehung. Dabei ist es sogar fast schon egal, ob vielleicht einer wirklich mehr oder weniger leistet als der andere. Es gibt Menschen, die mehr als andere leisten können. Es gibt Menschen, die weniger Kraft haben als andere. Und zwar aus berechtigten und unterschiedlichen Gründen.

Es lohnt, sich für die Gründe zu interessieren und darüber respektvoll zu kommunizieren. Letztlich möchte jeder so respektiert werden, wie er ist. Um uns geliebt fühlen zu können, brauchen wir alle ein Gegenüber, das uns versteht und so annimmt, wie wir sind!

Auf einer Skala von 1 bis 10 – wie achtsam gehen wir im Sinne dieses Wissensbausteins aktuell miteinander um?

1	2	3	4	5	6	7	8	9	10
bitte ankreuzen (1 = sehr unachtsam, 10 = sehr achtsam)										

Sind wir diesbezüglich glücklich oder sind wir gut beraten, wenn wir hier zukünftig achtsamer miteinander sind?

Beziehungswissen 118: Wenn ich etwas tue, das meinem Partner nicht gefällt, erzeugt das in ihm unangenehme Gefühle. Manches verletzt ihn vielleicht sogar. Das ist so, weil dann mindestens eines seiner Bedürfnisse unerfüllt bleibt. Unerfüllte Bedürfnisse erzeugen immer unangenehme Gefühle. Irrtümlich denkt mein Partner dann unter Umständen, mein Handeln sei ein Beweis für Desinteresse, mangelnde Liebe etc. In Wahrheit hat es damit aber gar nichts zu tun. Wir können alle immer nur so denken, fühlen und handeln, wie wir es in der jeweiligen Situation für sinnvoll halten und wie es für uns leistbar ist. Alles, was Menschen tun, hat gleichzeitig auch immer für andere Folgen. Für den einen kann es positive Folgen haben, für einen anderen negative. Das geschieht nicht aus Absicht, sondern ist einfach nur ein Nebeneffekt unseres Handelns. Wir alle denken und handeln, weil wir nicht anders können, als zu versuchen, für unsere Bedürfnisse Erfüllung zu finden!

Auf einer Skala von 1 bis 10 – wie achtsam gehen wir im Sinne dieses Wissensbausteins aktuell miteinander um?

1	2	3	4	5	6	7	8	9	10

bitte ankreuzen (1 = sehr unachtsam, 10 = sehr achtsam)

Sind wir diesbezüglich glücklich oder sind wir gut beraten, wenn wir hier zukünftig achtsamer miteinander sind?

Beziehungswissen 119: Den Partner um Entschuldigung bitten zu können, wirkt sich positiv auf jede Beziehung aus!

Auf einer Skala von 1 bis 10 – wie achtsam gehen wir im Sinne dieses Wissensbausteins aktuell miteinander um?

1	2	3	4	5	6	7	8	9	10

bitte ankreuzen (1 = sehr unachtsam, 10 = sehr achtsam)

Sind wir diesbezüglich glücklich oder sind wir gut beraten, wenn wir hier zukünftig achtsamer miteinander sind?

Beziehungswissen 120: Keine Frage, Kinder sind etwas Wunderbares. Jeder, der sich Kinder wünscht und bekommt, erfüllt sich damit einen Traum, der größer nicht sein kann. Doch aufgepasst! So schwer es auch fällt, den folgenden Satz anzuerkennen, er ist wahr: Kinder können auch zum Auslöser von Beziehungsproblemen werden. Kinder können dafür natürlich nichts. Sie sind einfach Kinder und sollen auch einfach nur Kinder sein können. Es liegt in der Verantwortung und Kompetenz der Eltern, einerseits für ihre Kinder genügend Liebe, Fürsorge, Energie, Aufmerksamkeit und Zeit zu haben und andererseits dabei nicht das gemeinsame Paarglück aus den Augen zu verlieren. Was ja auch für die Kinder gut ist! Wenn wir neben unseren Kindern kaum andere Prioritäten haben oder keinen anderen Lebenssinn verfolgen, kann das allerspätestens dann negative Folgen für uns selbst haben, wenn die Kinder irgendwann einmal ihre eigenen Wege gehen! In der Regel gibt es aber dann schon lange vorher Probleme mit dem gemeinsamen Paarglück!

Anmerkung: Falls Sie keine oder noch keine Kinder haben sollten, denken Sie einfach einmal kurz gemeinsam laut über diesen Denkimpuls nach und teilen Sie Ihre Gedanken miteinander!

Auf einer Skala von 1 bis 10 – wie achtsam gehen wir im Sinne dieses Wissensbausteins aktuell miteinander um?

1	2	3	4	5	6	7	8	9	10
bitte ankreuzen (1 = sehr unachtsam, 10 = sehr achtsam)										

Sind wir diesbezüglich glücklich oder sind wir gut beraten, wenn wir hier zukünftig achtsamer miteinander sind?

Beziehungswissen 121: Mit anderen über den Partner negativ zu sprechen, (Freunde, Bekannte, Kollegen etc.) wirkt sich oft sehr negativ auf die gemeinsame Beziehung aus. Probleme mit dem Partner sollte man lieber direkt mit ihm selbst versuchen zu klären!

Auf einer Skala von 1 bis 10 – wie achtsam gehen wir im Sinne dieses Wissensbausteins aktuell miteinander um?

1	2	3	4	5	6	7	8	9	10

bitte ankreuzen (1 = sehr unachtsam, 10 = sehr achtsam)

Sind wir diesbezüglich glücklich oder sind wir gut beraten, wenn wir hier zukünftig achtsamer miteinander sind?

Beziehungswissen 122: Je mehr wir uns für uns selbst verantwortlich fühlen und für uns selbst sorgen können, umso weniger meinen wir, dass unser Partner für die Erfüllung unserer Bedürfnisse zuständig ist. Wir fühlen uns dann nicht abhängig von ihm und sprechen ihn auch nicht schuldig, wenn er nicht so denkt, fühlt oder handelt, wie wir es uns vorgestellt haben!

Je weniger wir uns für uns selbst verantwortlich fühlen und für uns selbst sorgen können, umso mehr meinen wir, unser Partner sei für die Erfüllung unserer Bedürfnisse zuständig. Wir fühlen uns dann abhängig von ihm und neigen dazu, ihn anzuklagen, wenn er nicht so denkt, fühlt oder handelt, wie wir es uns von ihm wünschen!

Je mehr beide Partner für ihre eigenen Bedürfnisse, Gefühle und Interessen Verantwortung übernehmen und für sich selbst sorgen können, umso höher sind Bereitschaft und Kompetenz, einander ein guter Partner zu sein.

Auf einer Skala von 1 bis 10 – wie achtsam gehen wir im Sinne dieses Wissensbausteins aktuell miteinander um?

1	2	3	4	5	6	7	8	9	10

bitte ankreuzen (1 = sehr unachtsam, 10 = sehr achtsam)

Sind wir diesbezüglich glücklich oder sind wir gut beraten, wenn wir hier zukünftig achtsamer miteinander sind?

Beziehungswissen 123: Wenn zwei Menschen unterschiedlicher Meinung sind, ist es durchaus legitim, wenn sie über die unterschiedlichen Auffassungen miteinander diskutieren und versuchen, den jeweils anderen von der eigenen Sicht der Dinge zu überzeugen. Wenn das nicht gelingt, ist es gut, wenn jedem vom anderen die eigene Sicht der Dinge zugestanden werden kann. Für eine harmonische Zweisamkeit ist es schädlich, dem jeweils anderen die eigene Sicht als die bessere aufdrängen zu wollen oder gar die Sicht des anderen bewusst abzuwerten.

Auf einer Skala von 1 bis 10 – wie achtsam gehen wir im Sinne dieses Wissensbausteins aktuell miteinander um?

1	2	3	4	5	6	7	8	9	10
bitte ankreuzen (1 = sehr unachtsam, 10 = sehr achtsam)										

Sind wir diesbezüglich glücklich oder sind wir gut beraten, wenn wir hier zukünftig achtsamer miteinander sind?

Beziehungswissen 124: Muss ich mich oder muss sich mein Partner ändern, damit wir glücklich sein können? Die Freiheit des einen hört immer da auf, wo die des anderen eingeengt wird!

Zwei Menschen, die in einer Paarbeziehung glücklich zusammen leben möchten, sollten bereit sein, sich zu verändern. Aber nicht, weil der Partner das will, sondern weil man sich selbst verändern, sowie entwickeln und wachsen möchte.

Auf einer Skala von 1 bis 10 – wie achtsam gehen wir im Sinne dieses Wissensbausteins aktuell miteinander um?

1	2	3	4	5	6	7	8	9	10
bitte ankreuzen (1 = sehr unachtsam, 10 = sehr achtsam)										

Sind wir diesbezüglich glücklich oder sind wir gut beraten, wenn wir hier zukünftig achtsamer miteinander sind?

Beziehungswissen 125: Blättern Sie im Buch auf Seite 125 vor und lesen Sie dort den Beitrag unter der Überschrift: „Von Offenheit und Ehrlichkeit"!

Auf einer Skala von 1 bis 10 – wie achtsam gehen wir im Sinne dieses Wissensbausteins aktuell miteinander um?

1	2	3	4	5	6	7	8	9	10
bitte ankreuzen (1 = sehr unachtsam, 10 = sehr achtsam)										

Sind wir diesbezüglich glücklich oder sind wir gut beraten, wenn wir hier zukünftig achtsamer miteinander sind?

Beziehungswissen 126: Offenheit und Ehrlichkeit brauchen Raum! Wer sich wirklich Offenheit und Ehrlichkeit wünscht, sollte sie auch vertragen können. Wenn der Partner befürchten muss, für die offen ausgesprochene Wahrheit respektlos kritisiert und schuldig gesprochen zu werden, findet er vermutlich kein oder nur wenig Vertrauen in sich, sich offen und ehrlich mitzuteilen! Das heißt nicht, dass wir uns nicht ärgern dürfen, wenn unser Gegenüber offen und ehrlich etwas von sich mitteilt, was uns nicht gefällt. Es heißt aber, dass wir wissen sollten, auf welches Konto der Ärger gehört und dass eine Lösung nicht in einem respektlosen Wortgefecht erstritten werden kann. Der Ärger ist nicht auf die Konten „Du-bist-schuld", oder „Du-tust-mir-weh" zu buchen, sondern vielmehr auf die Konten „Es-ist-nicht-immer-so-wie-man-es-gerne-hätte" oder „Ich-wünsche-es-mir-zwar-anders-aber-dafür-kannst-du-nichts".

Auf einer Skala von 1 bis 10 – wie achtsam gehen wir im Sinne dieses Wissensbausteins aktuell miteinander um?

1	2	3	4	5	6	7	8	9	10
bitte ankreuzen (1 = sehr unachtsam, 10 = sehr achtsam)										

Sind wir diesbezüglich glücklich oder sind wir gut beraten, wenn wir hier zukünftig achtsamer miteinander sind?

Beziehungswissen 127: Jeder sollte zu einer Bitte auch nein sagen können, ohne dass es vom Partner als Ablehnung, mangelnde Liebe oder sonst wie missverstanden wird. Nur wer ein gesundes Maß an Selbstfürsorge besitzt, kann auch gut für sich selbst Verantwortung übernehmen bzw. für sich selbst sorgen. Erst wenn man genügend für sich selbst gesorgt hat, ist es möglich, ausreichend Energie übrig zu haben, um auch für andere da sein zu können. Andernfalls übergeht man permanent die eigene Belastungsgrenze. Was sich auf die eigene Gesundheit und die gemeinsame Paarbeziehung negativ auswirken kann!

Auf einer Skala von 1 bis 10 – wie achtsam gehen wir im Sinne dieses Wissensbausteins aktuell miteinander um?

1	2	3	4	5	6	7	8	9	10
bitte ankreuzen (1 = sehr unachtsam, 10 = sehr achtsam)									

Sind wir diesbezüglich glücklich oder sind wir gut beraten, wenn wir hier zukünftig achtsamer miteinander sind?

Beziehungswissen 128: Jeder Mensch wünscht sich Anerkennung, Wertschätzung und Beachtung! Ein ganz einfaches Mittel, mit dem man dem Partner diese Bedürfnisse super leicht erfüllen kann, ist: So oft es geht, wirklich ehrlichgemeinte Komplimente machen! „Oh, die Nudelsauce ist dir aber mal wieder gut gelungen!" „Die Hose sieht ja toll an dir aus!" „Ich finde es grandios, wie du das immer alles machst!" etc.

Auf einer Skala von 1 bis 10 – wie achtsam gehen wir im Sinne dieses Wissensbausteins aktuell miteinander um?

1	2	3	4	5	6	7	8	9	10
bitte ankreuzen (1 = sehr unachtsam, 10 = sehr achtsam)									

Sind wir diesbezüglich glücklich oder sind wir gut beraten, wenn wir hier zukünftig achtsamer miteinander sind?

Beziehungswissen 129: Der naive Traum vom Partner, der nur Augen für mich hat, mir jeden Wunsch von den Augen abliest, mir niemals wehtun kann, immer für mich da ist, nur mich braucht, mit mir verschmilzt und eins wird etc. schürt viele Probleme, die in einer erwachsenen Liebesbeziehung vorkommen können. Mit den damit verbundenen überhöhten, unrealistischen Erwartungen, überfordern sich beide Partner gegenseitig. Solchen Hollywood-Idealen kann niemand auf Dauer gerecht werden. Die Erwartungen erfüllen sich zwangsläufig nicht. Irrtümlich glauben dann beide, dem jeweils anderen für die Nichterfüllung der jeweiligen Bedürfnisse Vorwürfe machen zu können. Ob aus euphorischer naiver Verliebtheit erwachsene Liebe werden kann, hängt davon ab, ob zwei Menschen nach Abklingen der euphorischen Verliebtheit dauerhaft respektvoll, achtsam, wertschätzend und fair miteinander umgehen können!

Auf einer Skala von 1 bis 10 – wie achtsam gehen wir im Sinne dieses Wissensbausteins aktuell miteinander um?

1	2	3	4	5	6	7	8	9	10
bitte ankreuzen (1 = sehr unachtsam, 10 = sehr achtsam)										

Sind wir diesbezüglich glücklich oder sind wir gut beraten, wenn wir hier zukünftig achtsamer miteinander sind?

Beziehungswissen 130: Sich jeden Tag einander ehrlich mitteilen und einander offen und interessiert zuhören, tut der Beziehung gut.

Auf einer Skala von 1 bis 10 – wie achtsam gehen wir im Sinne dieses Wissensbausteins aktuell miteinander um?

1	2	3	4	5	6	7	8	9	10
bitte ankreuzen (1 = sehr unachtsam, 10 = sehr achtsam)										

Sind wir diesbezüglich glücklich oder sind wir gut beraten, wenn wir hier zukünftig achtsamer miteinander sind?

Beziehungswissen 131: Grundlegend für unser gemeinsames Glück ist, dass wir uns nicht mit Erwartungen, Bedingungen und sonstigen Ansprüchen an den jeweils anderen, am eigenen Sein hindern. Wenn wir uns im Beisein des Partners beispielsweise blockiert, eingeengt oder einfach nicht frei fühlen, uns so zu zeigen und so zu verhalten, wie es uns entspricht, ist dies ein Beweis dafür, dass zwischen uns ein Mangel an Wertschätzung, Gleichberechtigung und sonstigen sich wechselseitig bedingenden Bedürfnissen existiert. Wenn wir es nicht schaffen, uns gegenseitig – im Rahmen unserer Beziehung – genügend Anerkennung und Freiraum zur jeweils eigenen Entwicklung und Entfaltung zur Verfügung zu stellen, werden sich die Gefühle der Liebe, Harmonie und Verbundenheit mit der Zeit immer mehr verflüchtigen.

Ist uns das beiden klar? Ist es uns beiden wichtig, uns gegenseitig das Gefühl zu geben, vom jeweils anderen den Raum zur freien Entwicklung und Entfaltung zur Verfügung gestellt zu bekommen, sodass sich jeder von uns vom anderen gesehen, geachtet und geliebt fühlen kann? Oder sind wir stattdessen bemüht, den anderen mit unseren Erwartungen, Bedingungen und Ansprüchen in seiner Freiheit einzuschränken und zu blockieren?

Auf einer Skala von 1 bis 10 – wie achtsam gehen wir im Sinne dieses Wissensbausteins aktuell miteinander um?

1	2	3	4	5	6	7	8	9	10
bitte ankreuzen (1 = sehr unachtsam, 10 = sehr achtsam)									

Sind wir diesbezüglich glücklich oder sind wir gut beraten, wenn wir hier zukünftig achtsamer miteinander sind?

Beziehungswissen 132: Für eine glückliche Beziehung ist es wichtig, gewaltfrei miteinander umzugehen. Das heißt, auf eine Weise miteinander zu kommunizieren, die ohne Zwang, Bevormundung, Manipulation, Rechthaberei, Machtstreben und andere gewaltsame Übergriffe auskommt.

Auf einer Skala von 1 bis 10 – wie achtsam gehen wir im Sinne dieses Wissensbausteins aktuell miteinander um?

1	2	3	4	5	6	7	8	9	10

bitte ankreuzen (1 = sehr unachtsam, 10 = sehr achtsam)

Sind wir diesbezüglich glücklich oder sind wir gut beraten, wenn wir hier zukünftig achtsamer miteinander sind?

Beziehungswissen 133: Blättern Sie im Buch auf die Seite 123 vor und lesen Sie den Beitrag unter der Überschrift „Von der Basis einer glücklichen Beziehung"!

Auf einer Skala von 1 bis 10 – wie achtsam gehen wir im Sinne dieses Wissensbausteins aktuell miteinander um?

1	2	3	4	5	6	7	8	9	10

bitte ankreuzen (1 = sehr unachtsam, 10 = sehr achtsam)

Sind wir diesbezüglich glücklich oder sind wir gut beraten, wenn wir hier zukünftig achtsamer miteinander sind?

Beziehungswissen 134: Für den Partner ein offenes Ohr zu haben, wenn dieser sich an uns wendet, wirkt sich sehr positiv auf unsere Beziehung aus!

Auf einer Skala von 1 bis 10 – wie achtsam gehen wir im Sinne dieses Wissensbausteins aktuell miteinander um?

1	2	3	4	5	6	7	8	9	10

bitte ankreuzen (1 = sehr unachtsam, 10 = sehr achtsam)

Sind wir diesbezüglich glücklich oder sind wir gut beraten, wenn wir hier zukünftig achtsamer miteinander sind?

Beziehungswissen 135: Grundlegend für eine glückliche Beziehung ist eine wertschätzende Kommunikation! Wertschätzend zu kommunizieren bedeutet: Konflikte werden so gelöst, dass es nicht am Ende einen Gewinner und einen Verlierer gibt, sondern zwei Profitierende. Beide Seiten finden jeweils Berücksichtigung. Beide respektieren jeweils die Meinung des anderen und finden eine Lösung!

Auf einer Skala von 1 bis 10 – wie achtsam gehen wir im Sinne dieses Wissensbausteins aktuell miteinander um?

1	2	3	4	5	6	7	8	9	10
bitte ankreuzen (1 = sehr unachtsam, 10 = sehr achtsam)

Sind wir diesbezüglich glücklich oder sind wir gut beraten, wenn wir hier zukünftig achtsamer miteinander sind?

Beziehungswissen 136: Wann haben Sie Ihrem Partner zuletzt gesagt, dass Sie ihn so akzeptieren und wertschätzen wie er ist und es Ihnen wichtig ist, dass er sich frei fühlen darf, um sich – im Rahmen Ihrer Beziehung – so entwickeln und entfalten zu können, wie es seinen Bedürfnissen und Interessen entspricht?

Wer seinen Partner liebt, möchte schließlich, dass dieser glücklich ist. Jeder gönnt dem anderen, was er zum Glücklichsein braucht!

Auf einer Skala von 1 bis 10 – wie achtsam gehen wir im Sinne dieses Wissensbausteins aktuell miteinander um?

1	2	3	4	5	6	7	8	9	10
bitte ankreuzen (1 = sehr unachtsam, 10 = sehr achtsam)

Sind wir diesbezüglich glücklich oder sind wir gut beraten, wenn wir hier zukünftig achtsamer miteinander sind?

Beziehungswissen 137: Wenn unser Partner nicht so denkt, fühlt oder handelt, wie wir es für richtig halten, entstehen aufgrund unerfüllter Bedürfnisse unangenehme Gefühle in uns. Weil Gefühle schneller sind als Gedanken, werden Gefühle häufig auch mit Gedanken verwechselt. Wir nehmen dann nur das Gefühl wahr und lassen das Denken einfach sein. Irrtümlich glauben wir dann, an dem Ärger, den uns unsere unerfüllten Bedürfnisse bescheren, sei der Partner schuld. Wir reflektieren dann nicht, dass wir selbst auch nichts anderes tun können als unser Partner und jeder andere Mensch auch. Nämlich gemäß unserer Bedürfnisse, Interessen, Kompetenzen und momentanen Befindlichkeiten zu denken, zu fühlen und zu handeln. Wir selbst können genauso wenig nur so agieren, wie es für den Partner oder andere passend oder erfreulich wäre.

Auf einer Skala von 1 bis 10 – wie achtsam gehen wir im Sinne dieses Wissensbausteins aktuell miteinander um?

1	2	3	4	5	6	7	8	9	10

bitte ankreuzen (1 = sehr unachtsam, 10 = sehr achtsam)

Sind wir diesbezüglich glücklich oder sind wir gut beraten, wenn wir hier zukünftig achtsamer miteinander sind?

Beziehungswissen 138: Treue ist ein wichtiger Grundpfeiler in vielen Beziehungen. Dazu nachfolgend ein paar Gedanken eines glücklichen Paares:

„Für uns beide ist Treue eine wichtige Säule in unserer Beziehung. Uns ist bewusst, dass es durchaus passieren kann, dass man – obwohl man in einer festen Paarbeziehung lebt – Menschen begegnet, die man attraktiv oder auch erotisch anziehend findet. Das ist nicht so, weil man ein schlechter Mensch ist, sondern weil Menschen nun einmal von Natur aus sexuelle Wesen sind, die Bedürfnisse und Begehren haben, die nach Erfüllung drängen."

„Weil wir wissen, was wir aneinander haben, was uns unsere Liebe bedeutet und wert ist, lassen wir uns auf solche Gefahren erst gar nicht ein bzw. distanzieren uns rechtzeitig von ihnen. Uns ist bewusst, dass eine Beziehung vor etwaigen Gefahren von außen geschützt und gegen sie verteidigt werden muss."

Auf einer Skala von 1 bis 10 – wie achtsam gehen wir im Sinne dieses Wissensbausteins aktuell miteinander um?

1	2	3	4	5	6	7	8	9	10
bitte ankreuzen (1 = sehr unachtsam, 10 = sehr achtsam)									

Sind wir diesbezüglich glücklich oder sind wir gut beraten, wenn wir hier zukünftig achtsamer miteinander sind?

Beziehungswissen 139: Jede Beziehung braucht Schutz. Ein Aspekt dieses Schutzes ist die Pflege der Beziehung. Wenn beide den Wert, die Basis, den Rahmen, die Absprachen und Ziele ihrer Beziehung kennen und entsprechend bewusst miteinander umgehen, pflegen und schützen sie damit das, was sie miteinander haben und aufrechterhalten wollen. (Siehe auch Seite 131 unter: „Vom Schutz einer Beziehung" sowie auch Seite 133 unter: „Vom Rahmen einer Beziehung"!)

Auf einer Skala von 1 bis 10 – wie achtsam gehen wir im Sinne dieses Wissensbausteins aktuell miteinander um?

1	2	3	4	5	6	7	8	9	10
bitte ankreuzen (1 = sehr unachtsam, 10 = sehr achtsam)									

Sind wir diesbezüglich glücklich oder sind wir gut beraten, wenn wir hier zukünftig achtsamer miteinander sind?

Beziehungswissen 140: Wenn ich meinen Partner für sein Denken, Fühlen und Handeln kritisiere, teile ich ihm dadurch mit, dass ich ihn nicht als den Menschen respektiere oder anerkenne, der er ist. Er kann sich dann nur ungeliebt fühlen.

Auf einer Skala von 1 bis 10 – wie achtsam gehen wir im Sinne dieses Wissensbausteins aktuell miteinander um?

1	2	3	4	5	6	7	8	9	10
bitte ankreuzen (1 = sehr unachtsam, 10 = sehr achtsam)									

Sind wir diesbezüglich glücklich oder sind wir gut beraten, wenn wir hier zukünftig achtsamer miteinander sind?

Beziehungswissen 141: Was mir gefällt, mich interessiert oder mich erfreut, kann zu dem, was dir gefällt, dich interessiert oder dich erfreut unterschiedlich sein. Auch wenn das manchmal für den jeweils anderen ärgerlich sein mag, gehört der Ärger deshalb noch lange nicht auf das Schuldkonto des jeweils anderen.

Wenn der eine Weiß mag und der andere Schwarz, mag das ärgerlich oder manchmal vielleicht sogar schmerzlich für einen oder beide Beteiligten sein, aber keiner von beiden ist an diesem Unterschied mehr oder weniger beteiligt als der andere. Das Konto auf das der Ärger gehört, könnte heißen: „Es-ist-im-Leben-nicht-immer-alles-so-wie-man-es-gerne-hätte" oder „Ich-bin-nicht-du-und-du-bist-nicht-ich-und-das-ist-okay".

Auf einer Skala von 1 bis 10 – wie achtsam gehen wir im Sinne dieses Wissensbausteins aktuell miteinander um?

1	2	3	4	5	6	7	8	9	10
bitte ankreuzen (1 = sehr unachtsam, 10 = sehr achtsam)									

Sind wir diesbezüglich glücklich oder sind wir gut beraten, wenn wir hier zukünftig achtsamer miteinander sind?

Beziehungswissen 142: Wir wissen, dass wir unserer Liebe die Grundlage entziehen, wenn wir nicht darauf achten, uns mit Respekt und Wohlwollen zu begegnen.

Auf einer Skala von 1 bis 10 – wie achtsam gehen wir im Sinne dieses Wissensbausteins aktuell miteinander um?

1	2	3	4	5	6	7	8	9	10
bitte ankreuzen (1 = sehr unachtsam, 10 = sehr achtsam)										

Sind wir diesbezüglich glücklich oder sind wir gut beraten, wenn wir hier zukünftig achtsamer miteinander sind?

Beziehungswissen 143: „Wenn du weniger Lust auf Sex hast als ich, dann liebst du mich wahrscheinlich gar nicht mehr richtig", „wenn du mehr Lust auf Sex hast als ich, dann geht es dir scheinbar mehr um deine Triebbefriedigung, als um deine Liebe zu mir!" Solche Aussagen sind Irrtümer, denen ein Mangel an Empathie und Verständnis zugrunde liegt. Nur ein interessierter, gleichberechtigter Umgang miteinander, macht es möglich, solchen Fehlinterpretationen auf die Schliche zu kommen. Wer solche undifferenzierten Annahmen nicht entlarvt, hat es schwer, eine Beziehung zu pflegen, die von Respekt, Wertschätzung und Liebe getragen wird. Wenn der eine ein anderes Bedürfnis hat, als der andere, hat das nichts damit zu tun, wie sehr er den anderen liebt oder nicht. Es ist ganz natürlich, dass Menschen unterschiedliche Befindlichkeiten, Interessen, Vorstellungen, Prioritäten etc. haben.

Auf einer Skala von 1 bis 10 – wie achtsam gehen wir im Sinne dieses Wissensbausteins aktuell miteinander um?

1	2	3	4	5	6	7	8	9	10
bitte ankreuzen (1 = sehr unachtsam, 10 = sehr achtsam)										

Sind wir diesbezüglich glücklich oder sind wir gut beraten, wenn wir hier zukünftig achtsamer miteinander sind?

Beziehungswissen 144: Missbrauch von Vertrauen wirkt sich in Beziehungen häufig zerstörerisch aus. Aber erst wenn man den Rahmen einer Beziehung genau absteckt bzw. festlegt, weiß man auch, an welche Regeln und Erwartungen man sich zu halten hat und wann man Vertrauen missbraucht. (Siehe auch Seite 133 unter: „Vom Rahmen einer Beziehung")

Auf einer Skala von 1 bis 10 – wie achtsam gehen wir im Sinne dieses Wissensbausteins aktuell miteinander um?

1	2	3	4	5	6	7	8	9	10

bitte ankreuzen (1 = sehr unachtsam, 10 = sehr achtsam)

Sind wir diesbezüglich glücklich oder sind wir gut beraten, wenn wir hier zukünftig achtsamer miteinander sind?

Beziehungswissen 145: Klare Absprachen sind Gold wert! Wie man es nicht macht: A sagt zu B: „Ich möchte, dass wir künftig das Geschirr sofort nach Gebrauch in die Spülmaschine räumen!" B hält sich nicht daran und A macht B Vorwürfe: „Nie hältst du dich an eine Abmachung!" Tatsächlich gab es hier aber gar keine Abmachung! Es gab nur eine Anweisung! Besser wäre es so: A fragt: „Was hältst du davon, künftig Geschirr gleich nach Gebrauch in die Spülmaschine zu räumen?" B sagt: „Ja, das fände ich gut!" A fragt: „Okay, wollen wir das also ab jetzt so machen?" B sagt: „Ja gerne!"

Auf einer Skala von 1 bis 10 – wie achtsam gehen wir im Sinne dieses Wissensbausteins aktuell miteinander um?

1	2	3	4	5	6	7	8	9	10

bitte ankreuzen (1 = sehr unachtsam, 10 = sehr achtsam)

Sind wir diesbezüglich glücklich oder sind wir gut beraten, wenn wir hier zukünftig achtsamer miteinander sind?

Beziehungswissen 146: Insbesondere dann, wenn wir meinen, gar kein Verständnis für den anderen zu haben, wirkt es sich positiv auf unsere Beziehung aus, wenn wir ihm dann trotzdem zuhören und versuchen, ihn dennoch zu verstehen!

Auf einer Skala von 1 bis 10 – wie achtsam gehen wir im Sinne dieses Wissensbausteins aktuell miteinander um?

1	2	3	4	5	6	7	8	9	10
bitte ankreuzen (1 = sehr unachtsam, 10 = sehr achtsam)									

Sind wir diesbezüglich glücklich oder sind wir gut beraten, wenn wir hier zukünftig achtsamer miteinander sind?

Beziehungswissen 147: Wertschätzung und Anerkennung sind der Schlüssel für eine glückliche Beziehung. Geringschätzung und Gleichgültigkeit hingegen sind zerstörerisches Gift für die gemeinsame Liebe.

Wenn wir meinen, wir seien besser, wichtiger, berechtigter, ehrenwerter, etc. als unser Partner, neigen wir dazu, ihm ständig das Gefühl zu geben, er müsse sich unseren eigenen Vorstellungen anpassen oder unterordnen. Solch ein Umgang ist genau das Gegenteil von dem, was wir uns eigentlich von einem Partner wünschen. Wir wünschen uns, der Mensch sein zu können, der wir sind. Wir wünschen uns nicht, gesagt zu bekommen, dass wir so, wie wir sind, nicht in Ordnung sind und uns ändern sollen.

Auf einer Skala von 1 bis 10 – wie achtsam gehen wir im Sinne dieses Wissensbausteins aktuell miteinander um?

1	2	3	4	5	6	7	8	9	10
bitte ankreuzen (1 = sehr unachtsam, 10 = sehr achtsam)									

Sind wir diesbezüglich glücklich oder sind wir gut beraten, wenn wir hier zukünftig achtsamer miteinander sind?

Beziehungswissen 148: Lebensfreude ist ein wichtiger Grundpfeiler in glücklichen Beziehungen? Haben wir genug Freude in unserem Alltag? Oder könnten wir künftig etwas bewusster darauf achten, mehr Dinge zu tun, die uns Freude machen?

Auf einer Skala von 1 bis 10 – wie achtsam gehen wir im Sinne dieses Wissensbausteins aktuell miteinander um?

1	2	3	4	5	6	7	8	9	10
bitte ankreuzen (1 = sehr unachtsam, 10 = sehr achtsam)									

Sind wir diesbezüglich glücklich oder sind wir gut beraten, wenn wir hier zukünftig achtsamer miteinander sind?

Beziehungswissen 149: Stiller Ärger ist Gift für jede Beziehung. Anstatt den Ärger immer runterzuschlucken, darf in einer glücklichen Beziehung natürlich auch mal ein Streit vorkommen. Weil Menschen unterschiedlich denken, fühlen und handeln, ist das sowieso kaum zu vermeiden. Wichtig ist jedoch, darauf zu achten, wie gestritten wird. Sprechen Sie erst dann miteinander, wenn die negativen Emotionen abgeklungen sind! Bleiben Sie sachlich und respektvoll! Mit Vorwürfen und Anschuldigungen erreichen Sie in der Regel eher das Gegenteil! Vermeiden Sie Sätze wie: „immer tust du ...", „nie bist du ...", „aber du ...!" Schließen Sie mit dem Thema dann möglichst ab! Also fangen Sie nicht in einigen Tagen wieder an, über das gleiche Thema zu streiten! Vermeiden Sie auch unbedingt, sich vor anderen zu streiten!

Auf einer Skala von 1 bis 10 – wie achtsam gehen wir im Sinne dieses Wissensbausteins aktuell miteinander um?

1	2	3	4	5	6	7	8	9	10
bitte ankreuzen (1 = sehr unachtsam, 10 = sehr achtsam)									

Sind wir diesbezüglich glücklich oder sind wir gut beraten, wenn wir hier zukünftig achtsamer miteinander sind?

Beziehungswissen 150: Wenn wir das, wofür sich unser Partner interessiert und was ihm Freude macht, nicht als zu ihm gehörend anerkennen und uns womöglich noch lustig über seine Interessen und Neigungen machen, ist das ein unsozialer, gewaltsamer Übergriff auf seine Seele und Würde. Es ist eine Geringschätzung, die jeder Beziehung schadet!

Auf einer Skala von 1 bis 10 – wie achtsam gehen wir im Sinne dieses Wissensbausteins aktuell miteinander um?

1	2	3	4	5	6	7	8	9	10
bitte ankreuzen (1 = sehr unachtsam, 10 = sehr achtsam)										

Sind wir diesbezüglich glücklich oder sind wir gut beraten, wenn wir hier zukünftig achtsamer miteinander sind?

Beziehungswissen 151: Wann haben Sie zuletzt Ihrem Partner das Gefühl gegeben, dass Sie mit ihm nicht zufrieden sind und dass er sich doch bitte ändern soll? Ist Ihnen klar, dass Sie Ihrem Partner damit signalisierten, er dürfe nicht der Mensch sein, der er ist?

Ist Ihnen bewusst, dass Sie ihn mit Ihrer Aussage darüber informiert haben, dass Sie ihn so, wie er ist, nicht als gleichberechtigt und autonom anerkennen?

Auf einer Skala von 1 bis 10 – wie achtsam gehen wir im Sinne dieses Wissensbausteins aktuell miteinander um?

1	2	3	4	5	6	7	8	9	10
bitte ankreuzen (1 = sehr unachtsam, 10 = sehr achtsam)										

Sind wir diesbezüglich glücklich oder sind wir gut beraten, wenn wir hier zukünftig achtsamer miteinander sind?

Beziehungswissen 152: Wir alle brauchen einen Partner, der uns nicht einengt oder uns in unserer Entwicklung und Entfaltung blockiert. Der Hauptgrund weshalb viele Menschen ihrem Partner diese Freiheit nicht zugestehen können, ist, weil sie insgeheim befürchten, sie könnten ihn dann an einen anderen verlieren. Genau das Gegenteil ist jedoch der Fall. Je mehr sich der Partner kontrolliert und eingeschränkt fühlt, desto eher wird er in der Beziehung leiden und sich nach Veränderung sehnen. Je größer das Vertrauen zwischen beiden Liebenden, desto leichter fällt es, dem anderen die Freiheit zuzugestehen, die er für sich und sein Leben benötigt. Vertrauen ist daher ein sehr hohes Gut, dass man niemals aufs Spiel setzen sollte. Kontrolle, Eifersucht und andere Übergriffe auf die Autonomie des jeweils anderen, sind ein Zeugnis für mangelndes Vertrauen. Das Fatale ist, dass damit die Entwicklung von Vertrauen erstrecht verhindert wird!

Auf einer Skala von 1 bis 10 – wie achtsam gehen wir im Sinne dieses Wissensbausteins aktuell miteinander um?

1	2	3	4	5	6	7	8	9	10

bitte ankreuzen (1 = sehr unachtsam, 10 = sehr achtsam)

Sind wir diesbezüglich glücklich oder sind wir gut beraten, wenn wir hier zukünftig achtsamer miteinander sind?

Beziehungswissen 153: Blättern Sie zur Seite 126 vor! Lesen Sie dort den Beitrag: „Von wertschätzender Kommunikation"!

Auf einer Skala von 1 bis 10 – wie achtsam gehen wir im Sinne dieses Wissensbausteins aktuell miteinander um?

1	2	3	4	5	6	7	8	9	10

bitte ankreuzen (1 = sehr unachtsam, 10 = sehr achtsam)

Sind wir diesbezüglich glücklich oder sind wir gut beraten, wenn wir hier zukünftig achtsamer miteinander sind?

Beziehungswissen 154: Wenn unsere Bedürfnisse unerfüllt sind, beschert uns das unangenehme Gefühle. Negative Gefühle haben großen Einfluss auf unsere Fähigkeit, gerecht und sachlich zu denken. Wir urteilen dann schnell unangemessen, denn das unangenehme Gefühl sorgt dafür, dass wir zu einem unüberlegten, nur von unserem Gefühl geleiteten Vorurteil kommen. Z.B. ärgern wir uns, dass der Partner etwas gesagt oder getan hat, was wir nicht gut finden. Anstatt wir dann in der Lage sind, unseren Kopf zu benutzen und zu erkennen, dass der Partner nicht die Absicht hatte, uns zu verärgern, sondern nur gemäß seiner Bedürfnisse gehandelt hat, verhindert unser unangenehmes Gefühl diesen Denkprozess. Das negative Gefühl dominiert unseren Verstand. Es lässt uns irrtümlich glauben, unser Partner sei für unseren Schmerz verantwortlich. Wir meinen dann, wir hätten das Recht, ihn dafür zu beschuldigen. Dabei haben wir bloß unser Gefühl nicht hinterfragt!

Auf einer Skala von 1 bis 10 – wie achtsam gehen wir im Sinne dieses Wissensbausteins aktuell miteinander um?

1	2	3	4	5	6	7	8	9	10
bitte ankreuzen (1 = sehr unachtsam, 10 = sehr achtsam)									

Sind wir diesbezüglich glücklich oder sind wir gut beraten, wenn wir hier zukünftig achtsamer miteinander sind?

Beziehungswissen 155: Blättern Sie zur Seite 126 vor! Lesen Sie dort den Beitrag unter der Überschrift: „Von Vertrauen"!

Auf einer Skala von 1 bis 10 – wie achtsam gehen wir im Sinne dieses Wissensbausteins aktuell miteinander um?

1	2	3	4	5	6	7	8	9	10
bitte ankreuzen (1 = sehr unachtsam, 10 = sehr achtsam)									

Sind wir diesbezüglich glücklich oder sind wir gut beraten, wenn wir hier zukünftig achtsamer miteinander sind?

Beziehungswissen 156: Den Partner in Anwesenheit anderer respektlos oder geringschätzend zu behandeln, wirkt sich ganz besonders negativ auf eine Beziehung aus!

Auf einer Skala von 1 bis 10 – wie achtsam gehen wir im Sinne dieses Wissensbausteins aktuell miteinander um?

1	2	3	4	5	6	7	8	9	10
			bitte ankreuzen (1 = sehr unachtsam, 10 = sehr achtsam)						

Sind wir diesbezüglich glücklich oder sind wir gut beraten, wenn wir hier zukünftig achtsamer miteinander sind?

Beziehungswissen 157: Wenn sich unterschiedliche Lebensziele oder Interessen etc. nicht von Vornherein gegenseitig komplett ausschließen, wie etwa der Wunsch nach Treue und der Wunsch nach erotischen Abenteuern, ist es immer möglich, beide Positionen unter einen Hut zu bekommen.

Aber ganz gleich, welche Unterschiede vorliegen, ob sie sich nun von vornherein ausschließen oder nicht, es ist immer gewaltsam und unreflektiert, sich deswegen respektlos zu streiten, zu beschuldigen, zu bevormunden etc. Niemand kann etwas dafür, welche Bedürfnisse, Denkgebäude, Gefühlswelten und Handlungskompetenzen er in sich findet! Wenn das Denken, Fühlen und Handeln des einen nicht zum anderen passt, sind an dieser Unterschiedlichkeit beide zu gleichen Teilen beteiligt!

Auf einer Skala von 1 bis 10 – wie achtsam gehen wir im Sinne dieses Wissensbausteins aktuell miteinander um?

1	2	3	4	5	6	7	8	9	10
			bitte ankreuzen (1 = sehr unachtsam, 10 = sehr achtsam)						

Sind wir diesbezüglich glücklich oder sind wir gut beraten, wenn wir hier zukünftig achtsamer miteinander sind?

Beziehungswissen 158: Sich nach einem Streit wieder zu vertragen, sobald man auseinander geht (z.B. zu Bett, zur Arbeit, außer Haus oder sonst wohin), wirkt sich positiv auf jede Beziehung aus!

Auf einer Skala von 1 bis 10 – wie achtsam gehen wir im Sinne dieses Wissensbausteins aktuell miteinander um?

1	2	3	4	5	6	7	8	9	10

bitte ankreuzen (1 = sehr unachtsam, 10 = sehr achtsam)

Sind wir diesbezüglich glücklich oder sind wir gut beraten, wenn wir hier zukünftig achtsamer miteinander sind?

Beziehungswissen 159: Sexualität ist ein wichtiger Grundpfeiler in glücklichen Beziehungen. In langjährigen Beziehungen nährt sich das Bedürfnis nach Sexualität oft von der Harmonie und der Zufriedenheit, die ein Paar miteinander erleben. Sexuelle Lust aufeinander lässt sich nicht erzwingen. Wenn wir uns mit unserem Partner wohlfühlen und gut miteinander umgehen, nähren wir damit die Bedürfnisse nach Liebe und Sexualität. Fühlen wir uns weniger wohl und gehen wir weniger achtsam miteinander um, können die Bedürfnisse nach Liebe und Sexualität erheblich leiden und abnehmen. Wir stärken unsere Liebe und Lust, wenn wir uns gegenseitig schätzen, achten und uns gegenseitig das Gefühl geben, gesehen und anerkannt zu werden.

Auf einer Skala von 1 bis 10 – wie achtsam gehen wir im Sinne dieses Wissensbausteins aktuell miteinander um?

1	2	3	4	5	6	7	8	9	10

bitte ankreuzen (1 = sehr unachtsam, 10 = sehr achtsam)

Sind wir diesbezüglich glücklich oder sind wir gut beraten, wenn wir hier zukünftig achtsamer miteinander sind?

Beziehungswissen 160: Bevormunden wir uns gegenseitig, beweisen wir damit, dass wir den jeweils anderen nicht als gleichberechtigt anerkennen und geringschätzen. Geringschätzung ist jedoch das gefährlichste Beziehungsgift!

Auf einer Skala von 1 bis 10 – wie achtsam gehen wir im Sinne dieses Wissensbausteins aktuell miteinander um?

1	2	3	4	5	6	7	8	9	10
			bitte ankreuzen (1 = sehr unachtsam, 10 = sehr achtsam)						

Sind wir diesbezüglich glücklich oder sind wir gut beraten, wenn wir hier zukünftig achtsamer miteinander sind?

Beziehungswissen 161: Für Harmonie, Zweisamkeit und Liebe in einer Beziehung ist es sehr heilsam, wenn sich beide Beteiligten immer wieder fragen, ob sie ihrem Partner mit genügend Verständnis begegnen!

Auch wenn man den Partner manchmal nicht versteht, kann man doch trotzdem immer für eines Verständnis haben: Man kann verstehen, dass er nun mal so ist, wie er ist bzw. dass er etwas so sieht, fühlt oder tut, wie es für ihn richtig und möglich ist.

Auf einer Skala von 1 bis 10 – wie achtsam gehen wir im Sinne dieses Wissensbausteins aktuell miteinander um?

1	2	3	4	5	6	7	8	9	10
			bitte ankreuzen (1 = sehr unachtsam, 10 = sehr achtsam)						

Sind wir diesbezüglich glücklich oder sind wir gut beraten, wenn wir hier zukünftig achtsamer miteinander sind?

Beziehungswissen 162: Grundlegend für eine glückliche Beziehung ist eine wertschätzende Kommunikation! Wertschätzende Kommunikation ist die Übersetzung von Schuldzuweisung in Bedürfnissprache. „Nur weil du Egoist mal wieder keinen Bock hattest, mir Bescheid zu geben, dass du erst im Morgengrauen nach Hause kommen wirst, habe ich mir die ganze Nacht schreckliche Sorgen gemacht!" Hinterfragt man diesen Vorwurf / diese Schuldzuweisung, findet man heraus, welche unerfüllten Bedürfnisse hinter solch einer anklagenden Aussage liegen. Hier spielen vermutlich die Bedürfnisse nach Harmonie, Sicherheit, Respekt, Fürsorge etc. eine Rolle. Wertschätzender, beziehungserhaltender und zielführender als diese Bedürfnisse in Vorwürfe etc. zu verpacken, ist es, wenn man sie direkt ausspricht: „Mein Schatz, ich habe mir schreckliche Sorgen gemacht. Damit ich weiß, dass alles in Ordnung ist und ich mir keine Sorgen mache, wünsche ich mir, dass du mir künftig Bescheid sagst, wenn es später wird. Kannst du das nachwollziehen? Können wir das so machen?"

Auf einer Skala von 1 bis 10 – wie achtsam gehen wir im Sinne dieses Wissensbausteins aktuell miteinander um?

1	2	3	4	5	6	7	8	9	10
			bitte ankreuzen (1 = sehr unachtsam, 10 = sehr achtsam)						

Sind wir diesbezüglich glücklich oder sind wir gut beraten, wenn wir hier zukünftig achtsamer miteinander sind?

Beziehungswissen 163: Wenn wir uns über den Partner ärgern, liegt das daran, dass er mit seinem Denken, Fühlen oder Handeln unsere Bedürfnisse in Form von Erwartungen und Ansprüchen nicht erfüllt. Unerfüllte Bedürfnisse bescheren uns unangenehme Gefühle. Da unser Partner nicht dafür verantwortlich ist, unsere Bedürfnisse zu erfüllen, sondern wir selbst für deren Erfüllung zuständig sind, können wir ihm auch nicht die Schuld für unsere negative Verstimmung in die Schuhe schieben. Der Ärger gehört nicht auf das Konto: „Du-bist-schuld" oder „Wegen-dir-geht-es-mir-

jetzt-schlecht" sondern auf das Konto, „Es-ist-nicht-immer-alles-so-wie-man-es-gerne-hätte", oder „Wir-sind-unterschiedlich-aber-daran-ist-keiner-von-uns-beiden-mehr-oder-weniger-beteiligt-als-der-andere".

Auf einer Skala von 1 bis 10 – wie achtsam gehen wir im Sinne dieses Wissensbausteins aktuell miteinander um?

1	2	3	4	5	6	7	8	9	10
bitte ankreuzen (1 = sehr unachtsam, 10 = sehr achtsam)									

Sind wir diesbezüglich glücklich oder sind wir gut beraten, wenn wir hier zukünftig achtsamer miteinander sind?

Beziehungswissen 164: Wenn wir den Partner kritisieren oder ihm etwas vorwerfen, haben wir dafür immer einen positiven Grund. Wir möchten damit etwas – zumindest aus unserer Sicht – Positives erreichen. Wir handeln also nie aus böser Absicht!

Haben Sie in letzter Zeit einmal Ihren Partner kritisiert oder ihm Vorwürfe gemacht? Wenn ja, denken Sie einmal darüber nach, welche Positive Absicht Sie hatten! Es ging Ihnen nicht darum, ihn zu verärgern, sondern Sie wollten erreichen, dass Ihre Bedürfnisse erfüllt werden. Psychologisch betrachtet ist Bedürfniserfüllung für einen selbst immer etwas Positives. Auf einen anderen, der anders denkt, fühlt oder handelt, kann sich das jedoch negativ auswirken!

Auf einer Skala von 1 bis 10 – wie achtsam gehen wir im Sinne dieses Wissensbausteins aktuell miteinander um?

1	2	3	4	5	6	7	8	9	10
bitte ankreuzen (1 = sehr unachtsam, 10 = sehr achtsam)									

Sind wir diesbezüglich glücklich oder sind wir gut beraten, wenn wir hier zukünftig achtsamer miteinander sind?

Beziehungswissen 165: Das, was man selbst für wahr, richtig, gerechtfertigt, gut oder schlecht hält, ist immer nur die eigene subjektive Sicht der Dinge. Kein Mensch hat genau die gleiche Sicht der Dinge wie ein anderer. Also entspricht das, was wir für wahr, richtig, gerechtfertigt, gut oder schlecht halten nicht einer allgemeingültigen Wahrheit. Es ist eine subjektive Wahrheit. Diese hat nur für einen selbst vollumfänglich Bedeutung. Jeder andere hat graduell eine andere, eigene, subjektive Wahrheit. Es ist daher unsozial, unreflektiert und gewaltsam, die Wahrheit des Partners zu missachten und ihm unsere eigene überzustülpen. Wir selbst wollen ja auch nicht, dass unsere Sicht der Dinge ignoriert wird und uns der Partner seine eigene aufzwängt.

Auf einer Skala von 1 bis 10 – wie achtsam gehen wir im Sinne dieses Wissensbausteins aktuell miteinander um?

1	2	3	4	5	6	7	8	9	10

bitte ankreuzen (1 = sehr unachtsam, 10 = sehr achtsam)

Sind wir diesbezüglich glücklich oder sind wir gut beraten, wenn wir hier zukünftig achtsamer miteinander sind?

Beziehungswissen 166: Wir wissen, zwischen uns darf kein Mangel an Wertschätzung, Respekt, Empathie, Verständnis und Gleichberechtigung entstehen, weil wir unserer Liebe damit die Grundlage entziehen würden.

Auf einer Skala von 1 bis 10 – wie achtsam gehen wir im Sinne dieses Wissensbausteins aktuell miteinander um?

1	2	3	4	5	6	7	8	9	10

bitte ankreuzen (1 = sehr unachtsam, 10 = sehr achtsam)

Sind wir diesbezüglich glücklich oder sind wir gut beraten, wenn wir hier zukünftig achtsamer miteinander sind?

Beziehungswissen 167: Wir können Geringschätzungen nicht dadurch entgegenwirken, indem wir vom anderen fordern, dass er unsere Erwartungen erfüllt, sondern viel mehr dadurch, dass wir aufhören, ihn mit unseren Erwartungen zu überfordern!

Auf einer Skala von 1 bis 10 – wie achtsam gehen wir im Sinne dieses Wissensbausteins aktuell miteinander um?

1	2	3	4	5	6	7	8	9	10

bitte ankreuzen (1 = sehr unachtsam, 10 = sehr achtsam)

Sind wir diesbezüglich glücklich oder sind wir gut beraten, wenn wir hier zukünftig achtsamer miteinander sind?

Beziehungswissen 168: Gleichberechtigung ist ein wichtiger Grundpfeiler in glücklichen Beziehungen. Wenn wir uns beide gegenseitig als gleichberechtigt und gleichwertig anerkennen, haben wir eine solide Grundlage, auf der wir fair, respektvoll, wertschätzend und harmonisch miteinander umgehen können. Gleichberechtigt zu sein bedeutet, die Stärken und Schwächen des einen haben die gleiche Berechtigung auf Berücksichtigung und Anerkennung wie die Stärken und Schwächen des anderen. Auch wenn diese manchmal völlig unterschiedlich sein können. Es gibt dann einfach keine Grundlage, auf der einer den anderen für seine Stärken oder Schwächen kritisieren kann. Jeder ist gleichermaßen dazu berechtigt, der Mensch zu sein, der er ist.

Auf einer Skala von 1 bis 10 – wie achtsam gehen wir im Sinne dieses Wissensbausteins aktuell miteinander um?

1	2	3	4	5	6	7	8	9	10

bitte ankreuzen (1 = sehr unachtsam, 10 = sehr achtsam)

Sind wir diesbezüglich glücklich oder sind wir gut beraten, wenn wir hier zukünftig achtsamer miteinander sind?

Beziehungswissen 169: Grundlegend für eine glückliche Beziehung ist eine einander wertschätzende Kommunikation! Wer wertschätzend kommuniziert, beachtet Folgendes: Alle Signale, alle Informationen, die das menschliche Gehirn empfängt, werden zuerst gefühlsmäßig und erst danach (wenn überhaupt) intellektuell verarbeitet.

Gefühle kommen schneller im Bewusstsein an, als Gedanken. Unangenehme Gefühle veranlassen uns häufig dazu, das Denken zu überspringen und aus den negativen Gefühlen einfach gedankenlos ein negatives Urteil abzuleiten. So fällen wir häufig negative Urteile über unseren Partner, nicht weil wir uns dieses durch reifliches Überlegen gebildet haben, sondern weil es unseren negativen Gefühlen entspringt. Würden wir stattdessen nachdenken, gelangten wir vermutlich häufig zu der Erkenntnis, dass der Partner nicht auf diese Welt gekommen ist, um unsere Erwartungen zu erfüllen, sondern wir diese selbst verantworten müssen!

Auf einer Skala von 1 bis 10 – wie achtsam gehen wir im Sinne dieses Wissensbausteins aktuell miteinander um?

1	2	3	4	5	6	7	8	9	10
bitte ankreuzen (1 = sehr unachtsam, 10 = sehr achtsam)									

Sind wir diesbezüglich glücklich oder sind wir gut beraten, wenn wir hier zukünftig achtsamer miteinander sind?

Beziehungswissen 170: Wenn man seinen Partner nicht versteht, man beispielsweise zu ihm sagt: „ich verstehe dich nicht" oder „ich habe kein Verständnis dafür, dass du so und so denkst, fühlst oder handelst", dann gibt man damit im Grunde zu, dass man nichts von seinem Partner versteht, bzw. dass man keine Ahnung von ihm hat. Wer von etwas oder jemand nichts versteht oder keine Ahnung von etwas oder jemand hat, kann sich logischerweise auch kein Urteil erlauben. Trotzdem urteilen Menschen häufig negativ über jemanden, den sie nicht verstehen bzw. von dem sie keine Ahnung

haben. Dies zu tun beruht auf einem Mangel an sozialer Kompetenz in Form von zu wenig Sinn für Wertschätzung, Gleichberechtigung, Respekt, Toleranz, Empathie und Selbstkritik.

Auf einer Skala von 1 bis 10 – wie achtsam gehen wir im Sinne dieses Wissensbausteins aktuell miteinander um?

1	2	3	4	5	6	7	8	9	10
bitte ankreuzen (1 = sehr unachtsam, 10 = sehr achtsam)										

Sind wir diesbezüglich glücklich oder sind wir gut beraten, wenn wir hier zukünftig achtsamer miteinander sind?

Beziehungswissen 171: Wir alle sehen und bewerten die Dinge und die Welt durch eine eigene Wahrnehmungsbrille. Wenn uns das nicht bewusst ist, können wir leicht zu der Überzeugung kommen, so wie wir es sehen, sei es am besten, richtigsten, gerechtesten, ehrenwertesten etc. Dass es in Wahrheit nur unsere eigene subjektive Sicht ist, die wir aufgrund unserer natürlichen und erlernten Bedürfnisse und Lernerfahrungen im Laufe der Jahre entwickelt haben (genau wie jeder andere auch), ist uns in solchen Momenten häufig nicht bewusst. Der Partner fühlt sich dann neben uns unverstanden, ungesehen, ungeliebt, verkannt und geringeschätzt.

Auf einer Skala von 1 bis 10 – wie achtsam gehen wir im Sinne dieses Wissensbausteins aktuell miteinander um?

1	2	3	4	5	6	7	8	9	10
bitte ankreuzen (1 = sehr unachtsam, 10 = sehr achtsam)										

Sind wir diesbezüglich glücklich oder sind wir gut beraten, wenn wir hier zukünftig achtsamer miteinander sind?

Beziehungswissen 172: Wenn wir unterschiedlicher Meinung sind, ist das ganz natürlich, denn alle Menschen denken, fühlen und handeln unterschiedlich. Unterschiede sind von Natur aus kein Problem. Erst wenn wir diese nicht mehr gegenseitig respektieren, haben wir ein Problem. Das Problem ist also nicht einfach da, sondern wir selbst lassen es – aus Mangel an Respekt, Empathie, Verständnis, Gleichberechtigung, Kompromissbereitschaft etc. – entstehen.

Auf einer Skala von 1 bis 10 – wie achtsam gehen wir im Sinne dieses Wissensbausteins aktuell miteinander um?

1	2	3	4	5	6	7	8	9	10
bitte ankreuzen (1 = sehr unachtsam, 10 = sehr achtsam)										

Sind wir diesbezüglich glücklich oder sind wir gut beraten, wenn wir hier zukünftig achtsamer miteinander sind?

Beziehungswissen 173: Jede Beziehung braucht Schutz. Ein Aspekt dieses Schutzes ist: zu wissen, dass jede Beziehung einen Rahmen braucht, innerhalb dessen sich beide Partner frei bewegen und entfalten können. (Gemeinsame Regeln, Vereinbarungen, Wünsche, Vorstellungen, Ziele etc.) (Siehe dazu auch Seite 133 unter: „Vom Rahmen einer Beziehung"!)

Auf einer Skala von 1 bis 10 – wie achtsam gehen wir im Sinne dieses Wissensbausteins aktuell miteinander um?

1	2	3	4	5	6	7	8	9	10
bitte ankreuzen (1 = sehr unachtsam, 10 = sehr achtsam)										

Sind wir diesbezüglich glücklich oder sind wir gut beraten, wenn wir hier zukünftig achtsamer miteinander sind?

Beziehungswissen 174: Vieles, was wir über die Liebe lernen, erfahren wir aus Hollywood-Filmen, Love-Songs, Liebesromanen etc. Wenn wir mit diesen zum Teil sehr naiven Vorstellungen und den daraus resultierenden Erwartungen in eine Beziehung gehen, werden wir unseren Partner vermutlich mit unseren Erwartungen maßlos überfrachten und bald Schiffbruch erleiden. Niemand kann solchen Ansprüchen gerecht werden. Das Gefühl, doch noch nicht der oder dem Richtigen begegnet zu sein, wird dann nicht lange auf sich warten lassen. Ob aus einer naiven Verliebtheit eine erwachsene Liebesbeziehung wird, hängt davon ab, welche realistische Vorstellung man von einer Beziehung hat und in welchem Maße man in der Lage ist, dem Partner respektvoll, gleichberechtigt, empathisch und zugewandt zu begegnen!

Auf einer Skala von 1 bis 10 – wie achtsam gehen wir im Sinne dieses Wissensbausteins aktuell miteinander um?

1	2	3	4	5	6	7	8	9	10
bitte ankreuzen (1 = sehr unachtsam, 10 = sehr achtsam)										

Sind wir diesbezüglich glücklich oder sind wir gut beraten, wenn wir hier zukünftig achtsamer miteinander sind?

Beziehungswissen 175: Ich weiß, dass du dich nicht geliebt fühlen kannst, wenn ich versuche, dich dazu zu bringen, dich so zu verhalten bzw. zu verändern, wie ich dich gerne hätte!

Auf einer Skala von 1 bis 10 – wie achtsam gehen wir im Sinne dieses Wissensbausteins aktuell miteinander um?

1	2	3	4	5	6	7	8	9	10
bitte ankreuzen (1 = sehr unachtsam, 10 = sehr achtsam)										

Sind wir diesbezüglich glücklich oder sind wir gut beraten, wenn wir hier zukünftig achtsamer miteinander sind?

Beziehungswissen 176: Jeder, der sich einem anderen mitteilt, denkt sich etwas dabei. Er möchte gehört und auch verstanden werden! Bei wertschätzender Kommunikation hört deshalb der eine dem anderen aufmerksam zu! Er interessiert sich für das Gesagte! Er versucht zu verstehen, wie und um was genau es geht! Was braucht der Redende jetzt gerade? Was ist sein Bedürfnis? Das Gesagte wird wertgeschätzt und nicht bewerten bzw. verurteilt!

Auf einer Skala von 1 bis 10 – wie achtsam gehen wir im Sinne dieses Wissensbausteins aktuell miteinander um?

1	2	3	4	5	6	7	8	9	10
bitte ankreuzen (1 = sehr unachtsam, 10 = sehr achtsam)									

Sind wir diesbezüglich glücklich oder sind wir gut beraten, wenn wir hier zukünftig achtsamer miteinander sind?

Beziehungswissen 177: Ein Paar besteht aus zwei unterschiedlichen Menschen mit jeweils verschiedenen Bedürfnissen, Zielen, Interessen, Stärken und Schwächen. Keiner von beiden kann etwas dafür, wer er ist; wie er tickt; was ihn interessiert, bewegt, begeistert oder nicht. Wenn wir uns unsere Unterschiede gegenseitig vorwerfen, ist das ein Beweis dafür, dass wir uns nicht mit genügend Respekt, Anerkennung, Wertschätzung, Empathie und Fairness begegnen! Kurz gesagt ist es ein Zeugnis für einen Mangel an Beziehungsfähigkeit und sozialer Kompetenz.

Auf einer Skala von 1 bis 10 – wie achtsam gehen wir im Sinne dieses Wissensbausteins aktuell miteinander um?

1	2	3	4	5	6	7	8	9	10
bitte ankreuzen (1 = sehr unachtsam, 10 = sehr achtsam)									

Sind wir diesbezüglich glücklich oder sind wir gut beraten, wenn wir hier zukünftig achtsamer miteinander sind?

Beziehungswissen 178: Wer bei Meinungsverschiedenheiten zum Partner sagen kann: „du siehst das so, ich sehe das so, okay, wir müssen nicht deswegen streiten; jeder darf es so sehen, wie es seiner Wahrnehmung nach ist!", kommuniziert respektvoll und wertschätzend. Auf eine Beziehung wirkt sich das sehr positiv und friedenstiftend aus!

Auf einer Skala von 1 bis 10 – wie achtsam gehen wir im Sinne dieses Wissensbausteins aktuell miteinander um?

1	2	3	4	5	6	7	8	9	10
bitte ankreuzen (1 = sehr unachtsam, 10 = sehr achtsam)									

Sind wir diesbezüglich glücklich oder sind wir gut beraten, wenn wir hier zukünftig achtsamer miteinander sind?

Beziehungswissen 179: Wahres Vertrauen in einer Beziehung kann nur dort gedeihen, wo zwei Menschen darauf vertrauen dürfen, über alles offen und ehrlich sprechen zu können. Ganz egal, welche Fehler man vielleicht auch mal macht. Sich einmal an eine Abmachung oder gar ein Versprechen nicht halten zu können, ist zwar schade, aber menschlich. Im Falle eines Falles dann darüber nicht respektvoll mit dem Partner reden zu können, kann fatale Folgen für die Beziehung haben.

Auf einer Skala von 1 bis 10 – wie achtsam gehen wir im Sinne dieses Wissensbausteins aktuell miteinander um?

1	2	3	4	5	6	7	8	9	10
bitte ankreuzen (1 = sehr unachtsam, 10 = sehr achtsam)									

Sind wir diesbezüglich glücklich oder sind wir gut beraten, wenn wir hier zukünftig achtsamer miteinander sind?

Beziehungswissen 180: Liebe ist der wichtigste Grundpfeiler in glücklichen Beziehungen. Dazu ein paar Gedanken eines glücklichen Paares:

„Wir beide wünschen uns, dass unsere Beziehung von Liebe getragen wird. Jemanden zu lieben bedeutet für uns, an dessen Wohlergehen und Glück interessiert zu sein. Das, was der andere zum Glücklichsein braucht, gönnen wir ihm. Uns ist bewusst, dass man Liebe nicht erzwingen kann und dass wir sie pflegen müssen, um sie dauerhaft zu stärken und zu erhalten."

„Unsere Liebe zu pflegen bedeutet für uns beide, dafür zu sorgen, dass wir respektvoll und unterstützend miteinander umgehen. Wir beide stärken unsere Liebe, wenn wir uns gegenseitig schätzen, achten, uns für einander interessieren und uns das Gefühl geben, als der Mensch gesehen und anerkannt zu werden, der wir sind. Wir stärken unsere Liebe auch dadurch, dass wir uns unsere Fehler vergeben und viele schöne oder interessante Dinge miteinander (und bei Bedarf auch alleine) tun bzw. unternehmen!"

Auf einer Skala von 1 bis 10 – wie achtsam gehen wir im Sinne dieses Wissensbausteins aktuell miteinander um?

1	2	3	4	5	6	7	8	9	10

bitte ankreuzen (1 = sehr unachtsam, 10 = sehr achtsam)

Sind wir diesbezüglich glücklich oder sind wir gut beraten, wenn wir hier zukünftig achtsamer miteinander sind?

Beziehungswissen 181: Immer wieder und wieder heißt es in diesem Buch, jeder müsse die Partnerin bzw. den Partner als den Menschen anerkennen, der er bzw. sie ist. Andernfalls könne sich niemand gesehen, anerkannt und geliebt fühlen. Da Sie selbst sich wünschen, als der Mensch geliebt zu werden, der Sie sind, wird es Ihnen nicht schwer fallen, diese Behauptung als richtig zu erkennen. Da Menschen unterschiedlich sind, sind Differenzen aber ganz normal. Natürlich kann man sich darüber unterhalten,

was einen am anderen stört und sich wünschen, dass er bzw. sie sich entsprechend verändert. Jeder darf jedoch im jeweils eigenen Ermessen darüber entschieden, ob er bzw. sie dem Veränderungswunsch entsprechen kann oder nicht. Manche Veränderung fällt einem leicht und sie stellt kein Verbiegen oder Aufgeben der eigenen Persönlichkeit dar. Man ist dann gerne dazu bereit, sich dem anderen zuliebe zu verändern. Andere Veränderungen traut man sich nicht zu oder man findet einfach nicht die Bereitschaft in sich, sich entsprechend zu verändern. Das hat nichts mit Ablehnung des anderen zu tun. Es heißt nicht, dass der andere einem nicht wichtig genug ist, man ihn nicht genug liebt oder wertschätzt.

Auf einer Skala von 1 bis 10 – wie achtsam gehen wir im Sinne dieses Wissensbausteins aktuell miteinander um?

1	2	3	4	5	6	7	8	9	10
bitte ankreuzen (1 = sehr unachtsam, 10 = sehr achtsam)									

Sind wir diesbezüglich glücklich oder sind wir gut beraten, wenn wir hier zukünftig achtsamer miteinander sind?

Beziehungswissen 182: Unterschiede im Bedürfnis nach Ordnung oder Pünktlichkeit unter einen Hut zu kriegen, fällt oft nicht leicht. Mit der Erkenntnis, dass das Bedürfnis des einen nicht besser oder berechtigter ist, als das des anderen, sollte es jedoch gelingen, akzeptable Lösungen zu finden, die beide okay finden!

Auf einer Skala von 1 bis 10 – wie achtsam gehen wir im Sinne dieses Wissensbausteins aktuell miteinander um?

1	2	3	4	5	6	7	8	9	10
bitte ankreuzen (1 = sehr unachtsam, 10 = sehr achtsam)									

Sind wir diesbezüglich glücklich oder sind wir gut beraten, wenn wir hier zukünftig achtsamer miteinander sind?

ERGÄNZENDES BEZIEHUNGSWISSEN

Grundlegende Aspekte

Von der Verliebtheit am Anfang einer Beziehung

Frisch Verliebten erscheint die Welt bekanntlich rosarot. Durch die Verliebtheitsbrille wirkt der andere interessant, aufregend und zauberhaft. Es ist, als hätte man endlich den bzw. die Richtige gefunden. Das Glück erscheint geradezu perfekt. Und falls es etwas geben sollte, das einem am anderen nicht gefällt, geht man in dieser Beziehungsphase oft fatalerweise davon aus, dass der Geliebte sich noch ändern wird. Die gemeinsame Zukunft erscheint zu Beginn einfach nur vielversprechend. Verliebte stellen sich häufig nicht vor, dass die wunderbaren Gefühle irgendwann abnehmen können. Aus meiner Erfahrung als Paarberater behaupte ich: theoretisch hat jedes Paar die Chance, das gemeinsame Glück auf Dauer zu erhalten. Praktisch gelingt dies in vielen Beziehungen jedoch nicht. Der Grund dafür ist: die Unkenntnis darüber, was eine Beziehung braucht, um langfristig erfüllend zu bleiben!

Von der Unkenntnis zweier Liebenden

Vieles, was wir über die Liebe von Kindesbeinen an lernen, ist irreführend und der Sache nicht dienlich. Übertrieben sentimentale Liebesromane, herzzerreißende Romantikfilme und naive Herz-Schmerz-Love-Songs zeichnen kein realistisches Bild von erfüllter Zweisamkeit. Sehr viele Menschen glauben an diese naiven Hollywood-Ideale, wo zwei Individuen quasi miteinander zu einem verschmelzen. Auch denken Menschen häufig, folgende drei Bedingungen seien die wichtigsten für das Gelingen einer Beziehung: Der andere soll ehrlich, treu und liebevoll sein. Man selbst glaubt von sich, diese Eigenschaften ohnehin mitzubringen. Welchen Freiraum zur persönlichen Entwicklung und Entfaltung man sich selbst und dem jeweils anderen zugestehen muss, damit sich Ehrlichkeit, Treue und Liebe überhaupt entwickeln und entfalten können, ist vielen jedoch nicht bewusst. Mit Erwartungen und Bedingungen, die man an den jeweils anderen stellt, kann dies

121

jedenfalls nicht gelingen. Ebenso wenig durch Schuldzuweisungen, Streit, Manipulationen, Besserwisserei, Bevormundung etc. Aber wodurch lässt sich eine Liebesbeziehung dauerhaft glücklich gestalten? Was ist das Geheimnis dauerhaften Glücks?

Dazu ein paar Gedanken: Was macht die erste Verliebtheitsphase oder überhaupt das Verliebtsein so ganz besonders intensiv und zauberhaft? Sie wissen es sicher selbst! Plötzlich ist da jemand, der uns genau das geben kann, was wir uns schon immer gewünscht haben. Zum einen ist hier natürlich die Rede von körperlicher Zuwendung wie Zärtlichkeit, Sex etc. und zum anderen – was noch viel entscheidender und beglückender ist – haben wir endlich jemanden gefunden, der sich für uns interessiert und uns nahe sein möchte. Da ist plötzlich einer, der uns anerkennt, respektiert, annimmt sowie interessant und attraktiv findet. Jemand, der ja zu uns sagt, Zeit mit uns verbringen möchte, uns Komplimente macht, uns mit Geschenken überrascht. Ein Mensch, der uns das Gefühl gibt, etwas ganz Besonderes zu sein, der uns aufregend und spannend findet, WEIL WIR GENAU SO SIND, WIE WIR SIND!

Bei solch einem Menschen fühlen wir uns angenommen, geborgen, sicher und geliebt. Nichts kann glücklicher machen! Verstärkt wird das wunderbare Gefühl der Liebe noch durch die Tatsache, dass beide in dieser Phase nur die positiven Aspekte voneinander kennen. Es scheint, als passe man perfekt zusammen. Von Unterschieden, die später einmal zu Problemen führen können, weiß man zu jener Zeit noch nichts. Es ist, als gäbe es sie gar nicht! Dadurch wirkt alles geradezu perfekt und euphorisierend.

Der Grund weshalb die Gefühle der seelischen Verbundenheit und des großen Glücks bei vielen Paaren dann aber irgendwann nachlassen, ist: beide Beteiligten wissen nicht, wie sich die für eine glückliche Beziehung elementaren Bedürfnisse nach Akzeptanz, Wertschätzung, Nähe, emotionaler Sicherheit, Respekt, Vertrauen, Verständnis etc. dauerhaft aufrechterhalten bzw. erfüllen lassen. Wenn die soeben genannten, sich wechselseitig bedingenden Bedürfnisse vernachlässigt werden und dem Partner stattdessen mit Erwartungen, Anschuldigungen, Bedingungen, Streitereien,

Rechthabereien usw. signalisiert wird, dass ER SO, WIE ER IST, NICHT in Orndung ist und ER SICH ÄNDERN SOLL, dauert es in der Regel nicht lange, bis diese Bedürfnisse nicht mehr genug Erfüllung finden. Die Gefühle des Gesehen-Werdens, Respektiert-Werdens, Geliebt-Werdens etc. leiden und gehen mit der Zeit immer mehr verloren. Der Schlüssel für eine dauerhafte, glückliche Beziehung liegt also in ehrlicher, gleichberechtigter, wechselseitiger Anerkennung, Akzeptanz, Wertschätzung Empathie, sowie ehrlichem, gleichberechtigtem, wechselseitigem Interesse, Respekt, Verständnis etc.

Von der Basis einer glücklichen Beziehung
Wichtigste Basis-Zutat für das gemeinsame Glück ist die absolute Gleichberechtigung bzw. Gleichwertigkeit beider Beteiligten. Hiermit ist nicht gemeint, dass sich jeder zu gleichen Teilen an der Haushaltsarbeit oder Ähnlichem zu beteiligen hat. Genauso wenig geht es darum, das Einnehmen männer- oder frauenspezifischer Rollen abzuschaffen. Wenn beide sich dabei wohlfühlen, darf auch einer dominanter bzw. devoter sein als der andere. In einer Beziehung gleichberechtigt bzw. gleichwertig zu sein, bedeutet, dass die Bedürfnisse, Meinungen, Gefühle, Interessen, Wünsche, Begehren, Fähigkeiten, Unfähigkeiten, Eigenschaften, Talente, Stärken, Schwächen, Ängste und Defizite von beiden Beteiligten gleich viel Bedeutung haben und jeder auch das gleiche Recht auf deren Anerkennung bzw. Berücksichtigung hat – auch wenn diese bei beiden zum Teil sehr unterschiedlich sein können. Ferner braucht die gutfunktionierende Beziehung kontinuierliche und bewusste Pflege! Behandeln sich zwei Liebende gleichberechtigt bzw. gleichwertig, ist diese Pflege verhältnismäßig einfach. Denn wer sich selbst und den anderen als gleichrangig anerkennt, begegnet sich im Umgang miteinander respektvoll, anerkennend, wertschätzend, interessiert, fair und gewaltfrei.

Zur Pflege einer Paarbeziehung gehören: die Entwicklung eines Bewusstseins für sich selbst, das die eigenen Bedürfnisse und Interessen berücksichtigt; die Entwicklung eines Bewusstseins für den jeweils anderen, das dessen Bedürfnisse und Interessen anerkennt, wertschätzt und respektiert sowie die Entwicklung eines

Bewusstseins für das gemeinsame WIR, das die Bedürfnisse und Interessen beider miteinander vereint. Dies ermöglicht, dass sich überhaupt jeder vom jeweils anderen geliebt fühlen kann, und dass das Zusammensein die Bezeichnung „Paarbeziehung" verdient. Möglichst gleiche oder zumindest ähnliche Interessen und Lebensziele erleichtern es den beiden Beziehungspartnern natürlich, diese solide Grundlage herstellen und aufrechterhalten zu können. Zwingend notwendig sind sie jedoch nicht – zumindest nicht in jedem Fall. Nur wenn wirklich unüberwindbare Unterschiede vorliegen, kann das gemeinsame Glück nicht zufriedenstellend gepflegt und erhalten werden! Etwa wenn sich der eine Treue wünscht und der andere nicht! Beide Wünsche sind legitim und zu respektieren! Unter einen Hut kann man sie jedoch nicht kriegen! Da hilft nur eine gütliche Trennung. Jeder Streit darum wäre sinnlos und ein Zeichen dafür, dem Bedürfnis des jeweils anderen nicht mit genügend Respekt zu begegnen!

Von der Basis einer problembehafteten Beziehung

Die Hauptproblematik, auf der alle anderen Schwierigkeiten aufbauen, ist im Kern bei fast allen Beziehungsproblemen gleich. Es mangelt den Paaren hauptsächlich an Respekt, Verständnis, Interesse, Anerkennung, Wertschätzung und Empathie für den jeweils anderen und für das gemeinsame WIR. In unglücklichen Beziehungen fehlen meist die Bereitschaft, sich selbst und den anderen als gleichberechtigt bzw. gleichwertig anzuerkennen, sowie die Einsicht, dass Unterschiede unter einen Hut gebracht werden wollen. Daraus folgt, dass jeder den jeweils anderen nicht so annehmen will und kann, wie er ist und dass jeder insgeheim von sich denkt, der Bessere, Klügere, Berechtigtere oder Ehrenwertere von beiden zu sein; dass beide Beteiligten kein WIR-Bewusstsein entwickeln können, welches einerseits die Bedürfnisse der Zweierbeziehung wahrt, und andererseits ermöglicht, dass sich keiner für den jeweils anderen aufgeben oder verbiegen muss. Anstelle einer Basis, auf der sich jeder vom anderen geliebt fühlt, ein guter Umgang miteinander gepflegt wird und eine glückliche Beziehung gelingen kann, hat das Paar dann eine Grundlage, die für die gemeinsame Liebe und das Zusammenleben schädlich ist.

Von Offenheit und Ehrlichkeit

Grundlegend für gemeinsames Glück ist, dass zwei Menschen miteinander über alles offen und ehrlich reden können. Wahres Vertrauen kann sich nur dann zwischen zwei Partnern entwickeln und entfalten, wenn sie sich genügend Raum für Offenheit und Ehrlichkeit zur Verfügung stellen. Es ist klar, dass niemand immer nur ehrlich sein kann. Manchmal ist es rücksichtslos, die Wahrheit zu sagen. Jedem muss also auch zugestanden werden, manchmal nicht das auszusprechen, was er wirklich denkt. In den wirklich wesentlichen Punkten des Zusammenlebens sollte man jedoch aufrichtig sein können und dürfen! Wenn es um Belanglosigkeiten geht, kann man auch mal aus Rücksicht oder weil es einem vielleicht unangenehm wäre, schweigen, anstatt sich mitzuteilen. Zum Lügen sollte man sich aber zu keiner Zeit aufgefordert fühlen müssen. Am Ende ist es gut, die Gewissheit in sich zu spüren, dem anderen gegenüber immer ehrlich sein zu können. Egal was auch passiert.

Wir alle haben jeweils unsere eigenen Bedürfnisse, Meinungen, Gefühle, Befindlichkeiten, Interessen, Eigenschaften, Werte, Wünsche, Ängste, Stärken, Schwächen etc. Wenn wir uns gegenseitig nicht genügend Raum für Offenheit und Ehrlichkeit zur Verfügung stellen, finden wir vermutlich nicht immer den Mut und die Bereitschaft in uns, uns dem jeweils anderen vertrauensvoll mitzuteilen. Wenn wir befürchten müssen, vom jeweils anderen für unser Denken, Fühlen und Handeln gerügt oder beschuldigt zu werden, wenn wir beispielsweise manchmal so sind, wie der andere es nicht nachvollziehen und auch nicht gutheißen kann, dann werden wir uns nicht zutrauen, immer offen und ehrlich zu sein. Zum einen, um uns selbst zu schützen und zum anderen, um dem anderen nicht wehzutun! Ob wir offen und ehrlich über alles reden können, hängt also immer auch vom jeweils anderen ab. Wenn wir darauf vertrauen können, dass wir über alles reden dürfen, egal was es ist und egal was wir vielleicht falsch gemacht haben, dann finden wir auch die Bereitschaft in uns, stets einander unsere Wahrheit anzuvertrauen und zuzumuten. Wenn wir hingegen befürchten müssen, für unsere Offenheit und Ehrlichkeit beschimpft und beschuldigt zu werden, werden wir die Wahrheit vielleicht lieber verschweigen.

Leider ist es in vielen Beziehungen so, dass Ehrlichkeit vom Partner nur dann als etwas Wertvolles anerkannt wird, wenn sie für ihn erfreulich ist. Ist sie das nicht, wird man für die offen und ehrlich mitgeteilte Wahrheit kritisiert. Schlimmstenfalls wird man dafür beschuldigt, abgelehnt, angebrüllt etc. und paradoxerweise sogar als unehrlich, unehrenhaft und charakterschwach wahrgenommen und beschimpft. Sozialkompetenz und Beziehungsfähigkeit sehen anders aus!

Von Vertrauen

Menschen machen Fehler. Das ist einfach zutiefst menschlich! Es ist nicht möglich, immer alles richtig zu tun! Wenn Menschen Fehler, Dummheiten oder Unüberlegtheiten machen, werden sie jedoch leider häufig von ihrem Partner aufs Schärfste kritisiert. Häufig kommt es dann zu Vertrauensverlusten in Form von Vertrauensentzug. Doch wenn ein Mensch einen Fehler macht und dann befürchten muss, dafür von seinem Partner beschimpft und verachtet zu werden, gibt es im Grunde von vornherein kein wirkliches Vertrauen zwischen beiden. Es fehlt dann das Vertrauen, sich dem Partner zumuten und anvertrauen zu dürfen. Aber wo es kein wahres Vertrauen gibt, kann eigentlich auch keines entzogen werden. Daher ist es gut, wenn in einer Beziehung genügend Verständnis dafür existiert, dass kein Mensch fehlerfrei ist und es genügend Raum für Offenheit und Ehrlichkeit geben muss! Wir sind gut beraten, wenn wir Vertrauen nicht daran messen, wie fehlerfrei der Partner seine Versprechen einhält oder unsere sonstigen Erwartungen erfüllt, sondern viel mehr daran, ob er stets bereit ist, sich uns zuzumuten und anzuvertrauen, wenn er einen Fehler oder eine Dummheit gemacht hat. Ganz egal um was es sich handelt! Wer das hinbekommt bzw. diese persönliche Reife entwickeln kann, hat allerbeste Chancen, dauerhaft eine glückliche und erfüllende Beziehung miteinander zu pflegen! Es ist sozusagen die Kür in Sachen Sozialkompetenz und Beziehungsfähigkeit!

Von wertschätzender Kommunikation

Die allerwichtigsten Grundpfeiler, die es uns ermöglichen, miteinander respektvoll und wertschätzend zu kommunizieren,

sind: die Bereitschaft zur uneingeschränkten Gleichberechtigung bzw. Gleichwertigkeit, die Bereitschaft zu größtmöglicher, vertrauensvoller Offenheit und Ehrlichkeit, die Bereitschaft, den jeweils anderen als den Menschen anzuerkennen, der er ist sowie die Bereitschaft, bei Differenzen nicht darum zu streiten, wer Recht hat, sondern sich die Unterschiede zuzugestehen und sich gütlich zu einigen.

Um wertschätzend miteinander zu sprechen, bedarf es keiner Kommunikationstechnik, sondern viel mehr einer achtsamen Grundhaltung. Man muss zutiefst verstehen, dass zwei Menschen, die Differenzen miteinander zu klären haben, beide gleichermaßen dazu berechtigt sind, ihre eigene Meinung zu besitzen. Die eigene Meinung ist für einen selbst genauso wichtig, berechtigt und wahr, wie die Meinung des anderen für ihn wichtig, berechtigt und wahr ist. Nur wer ein gewisses Maß an sozialer Kompetenz entwickeln kann, ist in der Lage, wertschätzend mit dem Partner umzugehen!

Wer wertschätzend kommuniziert, beachtet:

- Jeder Mensch glaubt, seine Sicht sei richtig, gerechtfertigt, wahr und objektiv. Deshalb geht es darum, ein Bewusstsein für die „Brille" zu entwickeln. Ein Bewusstsein für die eigene BRILLE und für die BRILLE des anderen!

- Konflikte entstehen durch Unterschiede im Denken, Fühlen und Handeln von mindestens zwei Personen / Parteien. Unterschiede sind jedoch ganz natürlich und stellen an sich kein Problem dar. Erst wenn man nicht bereit ist, einen Unterschied anzuerkennen und nach einer gütlichen Einigung zu suchen, wird daraus ein Problem. Deshalb geht es darum, sich gegenseitig Unterschiede zuzugestehen und diese zu respektieren!

- Ein Konflikt engt unsere freie Sicht auf den anderen / das andere ein. Man wird schnell misstrauisch und empfindlich. Annahmen werden dann schnell für Realität gehalten. Aus Mücken werden Elefanten. Deshalb geht es darum, achtsam für sich und den anderen zu sein und sachlich zu bleiben!

- Wir alle haben das Bedürfnis, verstanden zu werden. Jemanden zu verstehen bzw. für jemanden Verständnis zu haben, bedeutet nicht automatisch, mit ihm einverstanden zu sein. Einverstanden kann man nicht mit allem und jedem sein, aber verstehen (nachvollziehen) kann man alles und jeden, wenn man sich für die Ursachen interessiert – interessieren kann man sich immer!

Von vermeintlichen Enttäuschungen

Eine Enttäuschung beruht fast immer auf einer Selbsttäuschung! So oft höre ich in meiner Beratungspraxis Klienten klagen: „Mein Partner hat mich sehr enttäuscht" oder „ich bin in meinem Leben schon so oft von Menschen enttäuscht worden, dass ich mittlerweile schon gar keinem mehr wirklich trauen kann". Doch zu 95 Prozent halte ich das für einen Irrtum. Wenn Menschen von Enttäuschung sprechen, bringen sie meiner Erfahrung nach sehr häufig etwas Grundlegendes durcheinander! In den allermeisten Fällen ist es nämlich gar nicht so, dass wir von unserem Partner oder anderen Menschen enttäuscht werden. Vielmehr handelt es sich dabei um Selbsttäuschungen. Wir merken es nur nicht, weil wir nicht wirklich darüber nachdenken. Denn: wir sind es doch, die eine bestimmte Vorstellung von jemandem haben oder gewisse Erwartungen an ihn stellen. Als sei es selbstverständlich, gehen wir dann davon aus, dass der andere diesen zu entsprechen hat. Wie kommt es nur, dass wir uns für unsere Vorstellungen und Erwartungen häufig nicht verantwortlich fühlen? Warum schieben wir die Verantwortung für diese dem Partner in die Schuhe, wenn er sich nicht so verhält, wie wir es uns vorgestellt haben?

Dazu noch ein paar Gedanken: Auch wenn wir in der ersten Phase der Verliebtheit denken, wir seien dem Menschen begegnet, der perfekt zu uns passt, so ist es trotzdem immer so, dass zwei Menschen unterschiedlich denken, fühlen und handeln. Dass wir von unseren Unterschieden in dieser Phase nichts wissen, ist uns jedoch nicht bewusst. Wir bemerken diese Wissenslücke nicht, weil wir sie unbewusst mit etwas auffüllen, das wir irrtümlich für Wissen halten. Und zwar füllen wir diese Lücke mit unseren Erwartungen und Wünschen, die wir an den geliebten Menschen haben. Wir stellen uns beispielsweise vor, dass er der perfekte Partner für uns ist. Jemand, der sehr gut zu uns passt; der alles genauso sieht und empfindet wie wir; der niemals etwas tun könnte, was uns wehtut; der nur uns liebt und daran interessiert ist, uns glücklich zu machen; ja der sich für unsere Zufriedenheit verantwortlich fühlt etc. Mit diesen naiven, unrealistischen Vorstellungen, Erwartungen und Überzeugungen gehen wir häufig in eine Beziehung.

Aber: wenn unser Partner dann aufgrund seiner eigenen Bedürfnisse, Interessen, Wünsche, Ziele, Denk-, Gefühls- und Handlungskompetenzen nicht in der Lage oder auch nicht willens ist, unsere Erwartungen zu erfüllen, dann ist das sein gutes Recht. Er ist deswegen doch kein schlechter Mensch. Soll er sich denn für uns verbiegen oder gar aufgeben? Soll ER den Preis für UNSERE Erwartungen zahlen? Ist das unsere Erwartungshaltung? Unsere Erwartungen passen halt einfach nicht immer zu seinen eigenen Bedürfnissen und Vorstellungen. Wenn wir ihn deswegen als schlechten Menschen abqualifizieren, müssten wir uns selbst ja auch eingestehen, ein schlechter Mensch zu sein, denn wir können genauso wenig immer nur so denken, fühlen und handeln, wie unser Partner sich das vorstellt!

Zum besseren Verständnis: WIR haben häufig UNSERE Vorstellungen und Erwartungen an andere, für die die anderen aber gar nichts können und deswegen auch nicht verantwortlich zu machen sind. Werden UNSERE Vorstellungen und Erwartungen nicht erfüllt, sollten WIR erkennen, dass WIR UNS in dem, was WIR UNS vorgestellt oder erwartet haben, getäuscht haben. WIR hatten angenommen, dass der Partner sich ganz nach UNSEREN Wünschen verhalten wird. Wenn er es dann aber nicht tut, haben WIR UNS geirrt (selbst getäuscht). WIR haben mit UNSERER Einschätzung falsch gelegen. UNSERE Selbst-Täuschung flog auf (sie wurde *„ent-täuscht")*. Die Erkenntnis, zu der wir kommen sollten, lautet demnach nicht wie oben geschildert: „Mein Partner hat mich sehr enttäuscht", sondern: „Mit den Vorstellungen, die ich von meinem Partner hatte und den Erwartungen, die ich an ihn stellte, habe ich mich getäuscht, ich hatte mich einfach nicht dafür interessiert, ob er meine Vorstellungen und Erwartungen überhaupt erfüllen kann und möchte. Ich hatte einfach vorausgesetzt, dass

das, was ich mir vorstellte und ich erwartete, gut und richtig ist!" Auch die zweite oben geschilderte Erkenntnis lautet nicht: „ich bin in meinem Leben schon so oft von Menschen enttäuscht worden, dass ich mittlerweile schon gar keinem mehr wirklich trauen kann", sondern vielmehr: „ich habe mich in meinem Leben schon so oft getäuscht, wenn ich gewisse Vorstellungen und Erwartungen an andere hatte, dass ich mir mittlerweile schon gar nicht mehr selbst trauen kann, ob ich mit meinen Vorstellungen und Erwartungen andere überfrachte und überfordere".

Also, warum erkennen wir häufig nicht, dass wir für unsere Enttäuschung selbst verantwortlich sind? Warum sprechen wir den anderen dafür schuldig? Drei wichtige Faktoren können sein:

Erstens: Wir alle meinen doch, dass das, was wir denken und wie wir die Dinge sehen, richtig ist. Wir halten unsere Vorstellungen und Erwartungen folglich für berechtigt. Dass andere diese erfüllen sollen, erscheint uns als richtig, ehrenwert, gerecht, moralisch korrekt etc. Werden diese vom Partner dann aber nicht erfüllt, werten wir sein Verhalten irrtümlich als falsch, unehrenhaft, ungerecht, moralisch unkorrekt etc.

Zweitens: Menschen sind häufig keine Weltmeister darin, Fehler bei sich selbst zu suchen. Einem anderen die Verantwortung zuzuschieben, geschieht oft nahezu automatisch. Das liegt an unseren biografischen Lernerfahrungen.

Drittens: Wenn unsere Erwartungen nicht erfüllt werden, bescheren uns die damit verbundenen unerfüllten Bedürfnisse immer auch unangenehme Gefühle. Weil Gefühle viel schneller in unserem Bewusstsein ankommen, als wir uns überhaupt über sie Gedanken machen können, kommen wir häufig auch gar nicht auf die Idee, noch einmal über alles genau nachzudenken. Wir vertrauen unseren unangenehmen Gefühlen, die uns zu sagen scheinen: „Dass es mir jetzt so schlecht geht, kommt nur daher, weil du nicht gemacht hast, was ich wollte! Du bist schuld daran, dass es mir jetzt so schlecht geht!" Wer sein Gefühl hinterfragt, müsste in den meisten Fällen jedoch zu folgender Erkenntnis kommen: „Dass es mir jetzt so schlecht geht, kommt daher, weil du nicht gemacht hast,

was ich wollte. Da du aber nicht verpflichtet bist, mir all meine Erwartungen zu erfüllen, trifft dich an meinem Ärger logischerweise auch keine Schuld! Ich selbst kann ja schließlich auch nicht all deine Erwartungen erfüllen! Selbst wenn ich wollte, ich könnte es nicht! Niemand kann alle Erwartungen eines anderen erfüllen! Die Verantwortung für meine eigenen Bedürfnisse und Vorstellungen liegt also bei mir selbst!"

Übrigens: Wer das wirklich versteht und so sehen kann, ärgert sich in der Regel schon gar nicht mehr so sehr, wenn seine Erwartungen nicht erfüllt werden. Ein weiterer positiver Nebeneffekt ist: Wer das wirklich versteht, wird zudem viel weniger Erwartungen an seinen Partner stellen. Was wiederum ein Zeichen für persönliche Reife, Sozialkompetenz und Beziehungsfähigkeit darstellt! Was sich dann natürlich sehr positiv auf die Paarbeziehung auswirkt!

Wann kann man davon sprechen, dass man tatsächlich von einem anderen Menschen enttäuscht wurde? Wenn mich jemand ganz bewusst belügt bzw. mir etwas vortäuscht oder mir jemand etwas verspricht bzw. zusagt, und sich dann nicht daran hält, dann kann ich zu ihm sagen: „Ich habe auf das, was du zu mir sagtest, vertraut und jetzt hast du mich enttäuscht!" Aber Vorsicht! Jeder kann auch mal etwas vergessen oder sich nicht an etwas halten, das er zugesagt hatte. Erstrecht wenn nach der Zusage bereits viel Zeit vergangen ist. Menschen ändern sich im Laufe ihres Lebens. Es ist legitim, wenn man sich nach einer gewissen Zeit nicht mehr an etwas halten kann, was man einmal zugesagt hat, wenn sich die Umstände, Wünsche, Prioritäten und Lebensziele geändert haben! Deshalb lohnt es sich, über alles, was einem in der Partnerschaft wichtig ist, immer wieder mal neu zu kommunizieren!

Vom Schutz einer Beziehung
Eine Partnerschaft, in der sich beide Beteiligten Verbundenheit, Treue und Beständigkeit wünschen, braucht bewusste Pflege und Schutz. Beide sollten wirklich wissen, dass Verbundenheit und Treue bewusst zu kultivieren sind und das gemeinsame Glück gegen erotische und sonstige Versuchungen von außen geschützt

werden muss. Doch eine Beziehung braucht nicht nur Schutz nach außen, sondern auch nach innen.

Der innere Schutz besteht aus der Pflege der Beziehung. Wenn beide den Rahmen, also den Wert, die Basis, die Absprachen und Ziele ihrer Beziehung kennen und entsprechend bewusst miteinander umgehen, schützen sie damit das, was sie miteinander haben und aufrechterhalten wollen.

Der Schutz nach außen besteht hauptsächlich aus zwei Aspekten:

- Erster Aspekt: Beide Partner verhalten sich in der Gegenwart anderer so, dass diese erkennen können, dass beide ein Paar sind. Damit signalisieren sie Außenstehenden, dass sie sich lieben und für andere tabu sind. Beide intensivieren mit solchem Verhalten auch für sich selbst spürbar das zwischen ihnen vorhandene emotionale Band.

- Zweiter Aspekt: Beiden Partnern ist bewusst, dass es auf dieser Welt andere Menschen gibt, die man – neben dem eigenen Partner – erotisch interessant finden kann. Nicht weil man ein charakterloser oder schlechter Partner ist, sondern weil alle Menschen sexuelle Wesen sind, die Augen im Kopf haben! Das ist ganz natürlich und nicht zu vermeiden. Beiden Partnern sollte also klar sein, dass die eigene Paarbeziehung gegen potenzielle „Gefahren" von außen bewusst geschützt werden muss. Das heißt, gegen einen kleinen Flirt oder Ähnliches ist vermutlich nichts einzuwenden, aber spätestens wenn man sich für einen Außenstehenden mehr interessiert, als es der Beziehung zuträglich ist, sollte man die Reißleine ziehen, sich zurückziehen und sich auf den Wert und den Schutz der eigenen Beziehung besinnen. Solch ein Bewusstsein bzw. diesen bewussten Schutz braucht jede Paarbeziehung!

Vom Rahmen einer Beziehung

Die persönliche Freiheit eines Singles ist eine andere, als die Freiheit von zwei Menschen, die sich als Paar begreifen und ihr gemeinsames Leben im Rahmen einer Beziehung gestalten wollen. Ein Paar, das nicht beziehungslos nebeneinanderher lebt, sondern sich wirklich als Paar begreift, weiß, dass es gewisse Rahmenbedingungen gibt, die es zu wahren gilt. Solch ein Paar hat ein entsprechend gut entwickeltes WIR-Bewusstsein. Jeder weiß für sich selbst, wer er ist, was er will und was er braucht. Aber beide wissen auch, wer der jeweils andere ist, was dieser will und braucht. Die logische Schlussfolgerung daraus ist: Im Rahmen ihrer Beziehung sind beide daran interessiert, alle Bedürfnisse, Interessen, Wünsche etc. gleichberechtigt, respektvoll, wertschätzend und einander zugewandt unter einen Hut zu bringen. Um den Rahmen der gemeinsamen Beziehung wahren zu können, muss man diesen natürlich zunächst einmal kennen. Das heißt, ein Paar sollte gemeinsam klären, welche Aspekte es sind, die den Rahmen ihrer Beziehung bilden!

Also: Was macht Ihre Beziehung bedeutend? Worin sehen Sie den Wert Ihrer Beziehung? Was sind die Gründe, warum Sie sich für Ihre Beziehung entscheiden? Wissen Sie, was Sie aneinander haben? Welche Absprachen gibt es zwischen Ihnen beiden? Auf welcher Basis (Vertrauen, Treue, Respekt, Gleichberechtigung, Anerkennung, Ehrlichkeit etc.) möchten Sie Ihre Beziehung führen? Wissen Sie welchen Schutz Ihre Beziehung braucht? Erst wenn Sie den Rahmen kennen, können Sie Ihrer Beziehung die Aufmerksamkeit und Pflege geben, die Sie braucht. Erst dann haben Sie eine Grundlage, auf der Sie wissen, was Sie sich voneinander wünschen; wo Sie sich aufeinander verlassen dürfen und wodurch Sie wahres Vertrauen wachsen lassen können. Und durch welches Verhalten Sie Vertrauen beschädigen würden! Für Eifersucht, Kontrollverhalten und viele andere Probleme, die mit einem Mangel an Vertrauen zusammenhängen, gäbe es keinen Nährboden mehr. Für die meisten anderen Probleme und Missverständnisse, die mit einem Mangel an Respekt und Anerkennung etc. zu tun haben, ebenso wenig!

Fünf Aspekte bilden den Rahmen einer Beziehung

- Aspekt Nr. 1: Ein gut entwickeltes WIR-Bewusstsein

- Aspekt Nr. 2: Die Säulen der Beziehung (Vertrauen, Treue, Respekt, Gleichberechtigung, Anerkennung, Ehrlichkeit etc.)

- Aspekt Nr. 3: Miteinander geschlossene Vereinbarungen (Grundsätzliches)

- Aspekt Nr. 4: Sonstige Absprachen (Erwartungen, Ziele, Vorstellungen, Wünsche etc.)

- Aspekt Nr. 5: Schutz der Beziehung

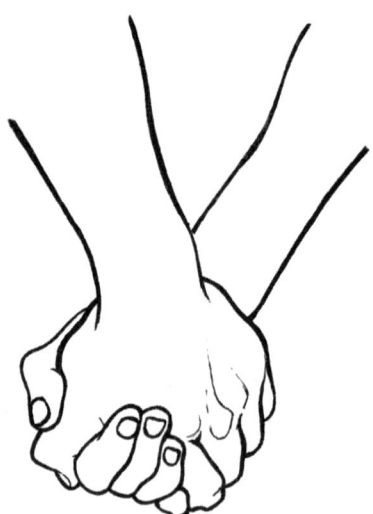

Die Beziehungs-Schatzkiste

183) Diese Übung ist bei Paaren, die bereits länger zusammen sind und deren Liebe bereits etwas eingeschlafen ist, sehr beliebt. Sie ist sehr wirksam, um sich all der positiven Dinge bewusst zu werden, die es in der gemeinsamen Beziehung gibt. Sie hilft, den Wert der Beziehung sichtbar zu machen. Warum sollte sie dann also nicht auch eine schöne Übung für Verliebte sein? Weshalb sollte es sich nicht lohnen, von Beginn an alle positiven Erlebnisse aufzubewahren und sich damit stets den Wert der Beziehung vor Augen zu halten? Entscheiden Sie selbst! Nehmen Sie sich etwas Zeit und machen Sie beide es sich gemütlich! Stellen Sie sich dann die Frage: Was alles haben wir gemeinsam Positives erlebt oder erreicht? Was alles besitzen wir? Was alles bedeutet uns viel? Alles, was Ihnen dazu einfällt, sind die Schätze Ihrer gemeinsamen Beziehung! Das können ganz kleine, aber auch ganz große gemeinsame Schätze sein! Auch kann es gut sein, dass Sie sogar negative Ereignisse als Schätze Ihrer Beziehung bezeichnen möchten, wie etwa schwere Zeiten, die Sie gemeinsam durchlebt und die Sie zusammengeschweißt haben oder anstrengende Aufgaben, die Sie zusammen bewältigten oder Ähnliches! Überlegen Sie dann gemeinsam, wie und wo Sie die Schätze Ihrer Beziehung aufbewahren möchten! Sie können einfach alles, was Ihnen einfällt, aufschreiben und in einem Ordner sammeln. Eine sehr viel schönere Idee ist beispielsweise, eine Schatzkiste in Form eines schönen Kartons oder Ähnlichem bereitzuhalten. Sie können dann jeden einzelnen Schatz Ihrer Beziehung auf einen Zettel oder ein Kärtchen schreiben und in Ihrer Schatzkiste sammeln. Fügen Sie regelmäßig oder immer wenn Sie es möchten, weitere Schätze hinzu! Mithilfe Ihrer Schatzkiste können Sie sich immer wieder ganz leicht all Ihre Schätze ins Bewusstsein rufen und sich an Ihren gemeinsamen Reichtum erinnern! Sich über die Schätze der Beziehung bewusst zu sein, fördert die Gefühle von Verbundenheit und Beziehungsglück. Sie schützen Ihre Partnerschaft damit vor der Gefahr, dass sie für Sie beide an Wert und Intensität verliert!

Was gefällt mir/was liebe ich an dir?

184) Was gefällt mir an dir? Was liebe ich an dir? Das kann etwas ganz Alltägliches oder einfach nur Menschliches sein, wie etwa „Mir gefällt an dir, dass du so schöne Augen hast!" „Mir gefällt an dir, dass du so ein herzlicher Mensch bist!" „Ich liebe die Art, wie du läufst, lachst, mit anderen Menschen umgehst!" etc. Es kann grundsätzlich alles benannt werden, was der Wahrheit entspricht! Es geht nicht um die Aufzählung möglichst vieler Aspekte, die Sie aneinander mögen oder lieben. Nennen Sie nur eine einzige Sache. Es muss auch nicht wie aus der Pistole geschossen aus Ihnen herausplatzen. Nehmen Sie sich für diese Übung kurz Zeit! Lassen Sie sie zu einem regelmäßigen Ritual werden! Machen Sie die Übung dann beispielsweise 1 x täglich oder 1 x wöchentlich immer zur gleichen Zeit oder in welchem Rhythmus Sie es möchten! Auch mit dieser Übung fördern Sie die Gefühle von Verbundenheit und Beziehungsglück. Sie ist ein wirksamer Schutz dagegen, sich vom Partner geringgeschätzt, unbeachtet und ungeliebt zu fühlen!

Für was sind wir dankbar?

185) Rituale, die in einer Beziehung fest integriert sind, können das Gefühl von Vertrautheit, Nähe und Anerkennung sehr positiv beeinflussen! Ein besonders wirksames Ritual ist ein Dankbarkeitsritual. Das kann z.B. wie folgt aussehen: Beide Partner sagen sich 1 x täglich oder in einem Turnus ihrer Wahl, wofür sie dem jeweils anderen dankbar sind! Nicht jedem fällt es leicht, so etwas auszusprechen. Manchem fällt es leichter, etwas aufzuschreiben! Das könnte dann wie folgt aussehen: Jeder steckt dem Partner im vereinbarten Turnus einen Zettel zu, auf dem steht, wofür man ihm dankbar ist! Überlegen Sie beide: Möchten Sie dieses Ritual fest in Ihre Beziehung integrieren oder es nur heute durchführen? Auch mit dieser Übung fördern Sie wieder die Gefühle von Verbundenheit und Beziehungsglück. Sie ist ein wirksamer Schutz dagegen, sich vom Partner geringgeschätzt und übersehen zu fühlen!

BUCKET LIST

Erstellen Sie Ihre ganz persönliche Paar-Bucket-List. Diese besteht aus den folgenden sieben Einzellisten: Eine Liste über Freizeitgestaltungsmöglichkeiten; eine Liste über Interessen, Wünsche und Ziele, die jeder Einzelne von Ihnen für sich selbst hat; eine Liste über Interessen, Wünsche und Ziele, die Sie beide gemeinsam haben; eine Liste über Ihre wichtigsten sozialen Kontakte; eine Liste über Möglichkeiten, bei denen Sie beide ungestört Zeit miteinander verbringen können; eine Liste über Ausflugs- und Urlaubsziele; eine Liste, die Sie aufgrund Ihrer Selbstbefragung zum Thema Beziehungswissen erstellen. Gehen Sie hier auch wieder mit Freude und spielerischer Leichtigkeit ans Werk!

Liste 1: Unsere Freizeitgestaltungsmöglichkeiten
Gemeinsam mit dem Partner Zeit zu verbringen, beeinflusst das Gefühl von Nähe, Vertrautheit, Verbundenheit und Glück sehr positiv. Es ist daher für jede Beziehung gut, wenn sich das Paar ein vielseitiges Repertoire an Freizeitaktivitäten vorhält! Haben Sie ein Repertoire? Lässt sich das vielleicht noch erweitern?

Eine hilfreiche Übung dazu ist folgende: Erstellen Sie eine Liste, auf der Sie alle Freizeitaktivitäten, die Ihnen einfallen notieren. Unterteilen Sie die Liste in zwei Spalten. Die Überschrift der ersten Spalte lautet: Passive Freizeitgestaltungsmöglichkeiten! Bei diesen steht das reine Konsumieren im Vordergrund, wie z.B.: Eis essen gehen, Essen gehen, ins Kino gehen, ins Theater gehen, Kaffee trinken gehen etc. Die Überschrift der zweiten Spalte lautet: Aktive Freizeitgestaltungsmöglichkeiten! Bei diesen geht es nicht oder nicht nur darum, etwas zu konsumieren, sondern mehr darum, selbst aktiv etwas zu tun: z.B.: Kreative Betätigungen wie z.B. Zeichnen, Malen, Tanzen, Singen, Basteln, Werken etc. Aber auch Wandern, Sport, in ein Museum gehen, in den Zoo gehen, ins Schwimmbad gehen, mit Freunden etwas feiern etc. Es lohnt sich, solch eine Liste anzufertigen, aufzubewahren und immer wieder mit neuen Ideen zu ergänzen! Und vor allem: sie auch in die Tat umzusetzen!

Z.B. kann Ihre Liste mehrseitig sein und in etwa so aussehen:

Unser Freizeitgestaltungsrepertoire	
Passive Freizeitgestaltung	*Aktive Freizeitgestaltung*

Liste 2: Jeweils eigene Interessen, Wünsche und Ziele

Fertigen Sie beide jeweils für sich selbst eine zweispaltige Liste an, auf der Sie Ihre eigenen Interessen, Talente, Wünsche, Ziele und Lebensziele notieren. Zeigen Sie sich gegenseitig Ihre Aufzeichnungen. Sprechen Sie miteinander darüber. Interessieren Sie sich füreinander. Unterstützen Sie einander dabei, dass jeder genug Raum und Zeit zur Verwirklichung der eigenen Belange hat. Interessen, Wünsche und Ziele können sich im Laufe der Zeit verändern. Aktualisieren bzw. ergänzen Sie daher Ihre Listen immer wieder mal und bleiben Sie darüber regelmäßig im Gespräch!

Z.B. kann Ihre Liste mehrseitig sein und in etwa so aussehen:

Meine Interessen, Talente, Wünsche, Ziele und Lebensziele	
Interessen & Talente	*Wünsche, Ziele & Lebensziele*

Liste 3: Gemeinsame Interessen, Wünsche und Ziele

Fertigen Sie eine Liste an, auf der Sie beide alle Ihre gemeinsamen Interessen, Talente, Wünsche, Ziele und Lebensziele notieren! Schenken Sie diesen Aufzeichnungen in Ihrem Beziehungsleben ausreichend Aufmerksamkeit. Verbringen Sie so oft es geht und es Ihnen gut tut Zeit miteinander. Interessen, Wünsche und Ziele können sich im Laufe der Zeit verändern. Aktualisieren bzw. ergänzen Sie daher Ihre Listen immer wieder mal und bleiben Sie darüber regelmäßig im Gespräch!

Z.B. kann Ihre Liste mehrseitig sein und in etwa so aussehen:

Gemeinsame Interessen, Talente, Wünsche, Ziele und Lebensziele	
Interessen & Talente	*Wünsche, Ziele & Lebensziele*

Liste 4: Unsere wichtigsten sozialen Kontakte

Intakte soziale Kontakte wie z.B. zu Verwandten, Freunden und Bekannten, sind sehr wertvoll und alles andere als selbstverständlich. Diese zu pflegen, ermöglicht, mit anderen in guter Verbindung zu stehen und zu bleiben. Gute soziale Kontakte bescheren ein hohes Maß an Lebensfreude. Es lohnt sich, diese gebührend wertzuschätzen und zu pflegen! Fertigen Sie eine Liste an, auf der Sie alle Ihre wichtigsten sozialen Kontakte notieren. Sie können die Liste in zwei Spalten unterteilen und in einer die von Ihnen selbst in die Beziehung eingebrachten Kontakte eintragen, und in der anderen Spalte jene vom Partner. Oder Sie entscheiden sich für eine einspaltige Liste und tragen alle Kontakte gemeinsam darin ein. Je nachdem, wie es für Sie am besten passt! Das können Personen aus dem engsten Familien-, Freundes- und Bekanntenkreis sein. Aktualisieren Sie die Liste regelmäßig, beispielsweise einmal im Jahr. Gemeinsame soziale Kontakte beleben und stabilisieren Ihre Beziehung. Sorgen Sie beide gemeinsam für die Pflege dieser Kontakte. Das können regelmäßige Telefonanrufe, Verabredungen, Ausflüge, Einladungen zu Ihnen nach Hause oder was auch immer sein! Vernachlässigen Sie Ihre sozialen Kontakte nicht!

Z.B. kann Ihre Liste mehrseitig sein und in etwa so aussehen:

Unsere sozialen Kontakte
Peter Mustermann
Laura Beispielhaft
Tante Elli
Onkel Franz
Meine Mutter
Deine Mutter
Mein Vater
Dein Vater
etc.

Liste 5: Zeit nur für uns beide allein

Fertigen Sie eine Liste an, auf der Sie Ideen sammeln, wie Sie beide in Ihrem Beziehungsalltag gemeinsame Zeit nur für sich allein verbringen können. Das können beispielsweise sein: ein Sonntagvormittag ungestört im Bett; ein handyfreier und insgesamt störungsfreier Tag nur für Sie beide ganz allein; ein Kurzurlaub in einem Wellnesshotel; ein Fernsehabend gemütlich kuschelnd auf der Couch und alles, was Ihnen dazu einfallen kann. Sie können die Liste ein Leben lang mit neuen Ideen ergänzen. Es lohnt sich wirklich, solch eine Liste anzufertigen, aufzubewahren und immer wieder mal mit neuen Ideen zu ergänzen! Und vor allem: sie auch in die Tat umzusetzen!

Z.B. kann Ihre Liste mehrseitig sein und in etwa so aussehen:

Möglichkeiten, Zeit für uns allein zu verbringen
Ein Sonntagvormittag im Bett
Ein handyfreier Ausflug in den Wald
Ein Wellnesstag in unserem Lieblingshotel
Ein Saunabesuch
Ein gemütlicher Filmeabend
etc.

Anmerkung: Sobald es auch Kinder in Ihrer Beziehung gibt, fertigen Sie parallel dazu noch eine Liste an, auf der Sie Ideen zur Gestaltung von gemeinsamer Familienzeit sammeln. Achten Sie auch hier wieder darauf, den gesammelten Ideen genügend Aufmerksamkeit zu schenken und diese so oft es geht in die Tat umzusetzen!

Liste 6: Ausflugs- und Urlaubsziele

Fertigen Sie eine Liste an, auf der Sie beide lauter Ausflugs- und Urlaubsorte notieren, die Sie interessant finden. Notieren Sie solche, die Sie immer wieder gerne einmal besuchen, obwohl Sie bereits schon dort waren sowie solche, zu denen Sie bisher noch nicht gereist sind, aber die Sie gerne noch kennenlernen möchten. Ganz egal, ob Sie sich vorstellen können, das in naher oder eher in fernerer Zukunft zu tun. Halten Sie die auf Ihrer Liste notierten Ausflugs- und Urlaubsziele im Blick. Nehmen Sie sich so oft es Ihnen möglich ist und Sie es möchten die Zeit, um gemeinsam die gewünschten Orte aufzusuchen. Solche besonderen gemeinsamen Unternehmungen stabilisieren jede Beziehung und fördern die Gefühle von Verbundenheit und Lebensfreude.

Z.B. kann Ihre Liste mehrseitig sein und in etwa so aussehen:

Ausflugs- und Urlaubsziele, die wir lieben oder die wir noch kennenlernen möchten
Sylt
Mallorca
Disney World
Badesee im nahegelegenen Wald
Meerwasser-Therme im nahegelegenen Kurort
New York
London
Ausflug nach Köln zum Besichtigen des Doms
Paris
Besuch des nahegelegenen Kletterparks

Liste 7: Unsere Beziehungswissen-Bucket-List

Fertigen Sie eine mehrseitige Liste an. Tragen Sie auf der ersten Seite alle Beziehungswissen-Nummern ein, die Sie im Arbeitsteil des Buches auf der jeweiligen Zahlenskala mit 8, 9 oder 10 eingestuft haben. Das sind die beziehungsrelevanten Aspekte, die Sie bereits wunderbar meistern und miteinander leben. Tragen Sie auf der zweiten Seite alle Beziehungswissen-Nummer ein, die Sie mit 5, 6, oder 7 eingestuft haben. Das sind die Aspekte, die Ihnen zwar keine großen Sorgen bereiten, aber denen Sie am besten künftig ein wenig mehr Aufmerksamkeit schenken sollten, damit Sie beide noch besser miteinander umgehen und aufeinander eingehen. Tragen Sie auf einer dritten Seite alle Beziehungswissen-Nummern ein, die Sie mit 1, 2, 3 oder 4 eingestuft haben. Das sind sozusagen jene beziehungsrelevanten Aspekte, denen Sie dringend mehr Aufmerksamkeit schenken sollten, damit Ihr gemeinsames Glück nicht mit der Zeit auf der Strecke bleibt. Sie sollten auf jeden Fall darüber im Gespräch bleiben! Schreiben Sie dann auf einer vierten Liste alle für Sie wichtigen Wissensbausteine in eigenen Worten stichpunktartig auf!

Z.B. können Ihre Listen in etwa so aussehen:

Erste Seite:

Beziehungswissen-Bucket-List Zahlenwerte 8, 9 und 10		
01	03	04
06	07	08
09	10	12
14	15	16
18	20	21
etc.		

Zweite Seite:

Beziehungswissen-Bucket-List Zahlenwerte 5, 6 und 7		
02	11	19
25	33	43
67	78	99
etc.		

Dritte Seite:

Beziehungswissen-Bucket-List Zahlenwerte 1, 2, 3 und 4		
05	13	17
22	56	102
etc.		

Vierte Seite:

Beziehungswissen-Bucket-List
Die für uns wichtigen Wissensbausteine
Wir begegnen einander wertschätzend, respektvoll, empathisch, interessiert, gleichberechtigt, gewaltfrei …
Wir erkennen die Unterschiede im Denken, Fühlen und Handeln des anderen an und streiten nicht darüber, wer Recht hat.
Jeder hat eigene Bedürfnisse, Meinungen, Gefühle, Interessen, Werte, Wünsche, Ängste, Stärken, Schwächen, Defizite, Befindlichkeiten etc. Die eigenen für die besseren, richtigeren etc. zu halten, ist Zeugnis für einen Mangel an Wertschätzung, Verständnis, Respekt, Interesse, Gleichberechtigung etc.
Wir stellen uns gegenseitig genug Raum zur Verfügung, um stets offen und ehrlich über alles reden zu können. Offenheit und Ehrlichkeit werden bei uns nicht nur dann als etwas Positives wertgeschätzt, wenn sie erfreulich sind. Wir wissen, wir können nicht immer so denken, fühlen und handeln, wie der andere es erwartet oder es sich wünscht.
Da Geringschätzung das übelste Beziehungsgift ist, das es gibt, ist es uns wichtig, möglichst ohne jede Form von Geringschätzung auszukommen.
Einander Raum für eigene Interessen und Bedürfnisse zuzugestehen, wirkt sich sehr positiv auf Beziehungen aus.
Schon ein paar ganz wenige Worte der Anerkennung und kleinste Gesten der Zuneigung wirken wahre Wunder in jeder Partnerschaft.
etc.

Die allerbesten Wünsche für Sie beide

Bewahren Sie alle von Ihnen erstellten Listen gut auf
und halten Sie sie immer im Blick.
Aktualisieren Sie Ihre Listen regelmäßig
und sorgen Sie gemeinsam dafür,
dass all Ihre Interessen, Wünsche, Pläne, Ziele und Vorhaben
in Ihrer Beziehung Berücksichtigung finden
und in die Tat umgesetzt werden.

Eine lange, glückliche, lebendige Beziehung
mit ganz viel Wertschätzung, Anerkennung, Akzeptanz,
Nähe, Empathie, Ehrlichkeit, Vertrauen,
Liebe, Geborgenheit, Harmonie,
Freude und Lachen

wünscht Ihnen von Herzen

Ihr Ralf Hillmann

Mein Name ist Ralf Hillmann, 1965 wurde ich in Kassel geboren. Heute lebe und arbeite ich als Autor und Psychologischer Berater in Rödermark bei Frankfurt am Main. Mit meiner Arbeit als Coach unterstütze ich seit 2013 Paare und Einzelpersonen in Lebenskrisen beim Entwickeln von Lösungen. Dabei geht es immer auch um die Aktivierung von Kompetenzen, Ressourcen und  die Erforschung neuer Perspektiven. Ich begleite Ratsuchende mit professioneller psychologischer Interventionsmethodik dabei, Probleme und Krisen zu bewältigen; kognitive und emotionale Überforderungen (Verwirrungen, Verzerrungen und Dissonanzen) zu analysieren; Gedanken und Gefühle zu sortieren; neue Denk- und Handlungsspielräume zu erobern; nach vorne zu blicken; Ziele zu benennen und Lösungswege zu finden, die ganz speziell zu ihrem individuellen Persönlichkeitspotenzial passen.

Neben meiner Spezialisierung im Bereich Paarberatung können die Themenfelder meiner Beratungsarbeit z.B. auch folgende sein: Krisen in zwischenmenschlichen Beziehungen wie Probleme mit Familie, Freundschaft, Partnerschaft, Nachbarschaft etc.; Lebensabschnittskrisen wie Probleme mit dem Alter oder sonstige Krisen im Privatleben wie Probleme rund um das Thema Liebe; Probleme mit Einsamkeit, Alleinsein, Unausgefülltsein und Sehnsucht; Probleme rund um Selbstwert und Selbstbewusstsein; Krisen in der Sexualität wie Probleme mit der sexuellen Identität, mit Vorlieben und Neigungen; Probleme rund um Sinn, Sinnfindung, Suche nach Veränderung, Zielen, Visionen etc.

Meine Qualifikation: Staatlich geprüfte und zugelassene Ausbildung zum Psychologischen Berater und Personal Coach; permanente Weiterqualifizierung; langjährige Berufserfahrung.

Es grüßt Sie herzlichst – Ihr Ralf Hillmann

Rödermark, im Januar 2021

Literaturverzeichnis:

Ulrich Beer. Achtung Eifersucht.
Wilhelm Heyne Verlag GmbH & Co. KG, München 1987

Holly Michelle Eckert. Der Schuld entwachsen.
Junfermannche Verlagsbuchhandlung, Paderborn 2011

Josef Kirschner. Die Kunst, ohne Überfluss glücklich zu leben.
Droemer Knaur Verlag Schoeller &Co., Locarno 1980

Josef Kirschner. So siegt man, ohne zu kämpfen.
Goldmann Verlag, München 1991, 3. Auflage

Martin Koschorke. Wie Sie mit Ihrem Partner glücklich werden, ohne ihn zu ändern. Verlag Herder GmbH, Freiburg im Breisgau 2013

Martin Koschorke. Keine Angst vor Paaren.
J. G. Cotta'sche Buchhandlung (Klett-Cotta), Stuttgart 2016, 3. Auflage

Liv Larsson. Wut, Schuld und Scham.
Junfermannche Verlagsbuchhandlung, Paderborn 2012

Peter Lauster. Die Liebe.
Rowohlt Verlag GmbH, Hamburg 1982

Peter Lauster. Lebenskunst.
Rowohlt Verlag GmbH, Hamburg 1984

Peter Lauster.
Wege zur Gelassenheit. Rowohlt Verlag GmbH, Hamburg 1986

Michael Lukas Moeller. Die Wahrheit beginnt zu zweit.
Rowohlt Taschenbuch Verlag, Hamburg 2019, 38. Auflage

Monika Oboth, Al Weckert. Mediation für Dummies.
Wiley-VCH Verlag GmbH & Co. KGaA; Weinheim 2014, 2. Auflage

Weitere Bücher von Ralf Hillmann

Unser Paar-Projekt
Selbsthilfekurs für Paare in Beziehungskrisen
Ralf Hillmann / Seiten: 256 / ISBN: 978-3751934077
- überall im Handel -

5 Minuten Paartherapie an jedem Tag
365 Übungen und Denkimpulse aus der Paarberatung
Ralf Hillmann / Seiten: 172 / ISBN: 978-3752609813
- überall im Handel -